Redação Oficial

NORMAS E MODELOS

0419

Outras obras do Autor

Habeas verba – português para juristas (Livraria do Advogado)

O verbo na linguagem jurídica – acepções e regimes (Livraria do Advogado)

Português para profissionais – atuais e futuros (Livraria do Advogado)

Nova ortografia integrada – o que continuou + o que mudou = como ficou (Edita)

Correspondência empresarial (Edita)

Português em exercícios – com soluções (Edita)

Dados Internacionais de Catalogação na Publicação (CIP)

K19r Kaspary, Adalberto J.
Redação oficial : normas e modelos / Adalberto J. Kaspary. – 19. ed., rev. e atual. – Porto Alegre : Livraria do Advogado Editora, 2016.
204 p. ; 23 cm.
Inclui bibliografia e índice.
ISBN 978-85-69538-29-5

1. Redação oficial. 2. Correspondência oficial. I. Título.

CDU 35.077.92
CDD 808.066

Índice para catálogo sistemático:
1. Redação oficial 35.077.92

(Bibliotecária responsável: Sabrina Leal Araujo – CRB 10/1507)

Adalberto J. Kaspary

Redação Oficial

NORMAS E MODELOS

19ª EDIÇÃO
Revista e atualizada

livraria DO ADVOGADO editora

Porto Alegre, 2016

Capa, projeto gráfico e diagramação
Livraria do Advogado Editora

Rua Riachuelo, 1300
90010-273 Porto Alegre RS
Fone: 0800-51-7522
editora@livrariadoadvogado.com.br
www.doadvogado.com.br

Impresso no Brasil / Printed in Brazil

"Já é tempo de se pensar numa atualização do chamado estilo oficial, tão desenxabido e de tão profunda falta de imaginação, que alguns candidatos consideram melhor decorar as fórmulas que aprimorar-se na técnica da narrativa. Não vemos por que continuarmos presos a fórmulas já inexpressivas, quando, sem perda da cortesia e sem detrimento dos níveis hierárquicos, possuímos palavras e expressões mais atualizadas."

José Augusto Guerra,
Prof. de Redação de Jornalismo da
Universidade de Brasília.

Prefácio da 1ª edição

Eis um trabalho que vem, certamente, aprimorar a educação do homem que lida com as coisas públicas, objetivando conferir um suprimento de real valor à experiência das organizações.

Trata-se de uma obra que mereceu, com muita honra, o apoio da Secretaria de Estado da Administração e da Fundação para o Desenvolvimento de Recursos Humanos do Rio Grande do Sul, exatamente porque o trabalho em espécie traduz, em sua forma e conteúdo, um significativo instrumento de comunicação, de modo especial para os servidores públicos, que, muitas vezes, não conseguem transmitir suas mensagens oficiais com a clareza, objetividade e unicidade, tão necessárias ao desempenho eficaz das rotinas administrativas.

Surge, com esta edição, destarte, um poderoso subsídio àqueles que estão implicados em todos os níveis das administrações diretas ou indiretas, capaz de melhorar o conteúdo das suas comunicações, pois que os problemas das pessoas e das instituições sempre envolveram altos índices de circulação. E o homem, por sua natureza, é um ente social e, por isso, comunicativo por excelência, o que lhe permite aproximar-se dos eventos que lhe dizem respeito.

Este livro pretende ser exatamente isto: um instrumento de comunicação oficial, com vista a ajudar a circulação das mensagens que vão e voltam, entre as organizações disseminadas em todos os sistemas e subsistemas de nossa República Federativa. É necessário que se imprima ao número quase infinito de papéis que circulam constantemente maior uniformidade, mais intensa objetividade e menor prolixidade.

É um trabalho que auxilia a utilizar e selecionar os documentos que devem adequadamente mover-se cada vez que começar um novo dia. E isso não é uma tarefa fácil.

O autor que estamos prestigiando, através dos dois órgãos estatais que estão mais voltados para o bom desempenho dos recursos humanos do Estado, pretendeu alcançar-nos uma ferramenta de trabalho eficaz, que endossamos e que recomendamos a todos os órgãos públicos desta Unidade Federada, que é o Rio Grande do Sul, com o intuito de impregnar

as suas mensagens oficiais e escritas de um alto teor de compreensão e de informação, capazes de atingir os objetivos específicos que se propõem. É o que desejamos.

Oscar Machado,
Secretário de Estado da Administração.

Sumário

Introdução

A Administração Pública, de uns tempos para cá, vem sofrendo uma série de modificações em sua estrutura e funcionamento, com vista a um desempenho cada vez mais eficaz. Novos conceitos transformam-se em novas técnicas de trabalho, dentro de uma filosofia de ação que visa a dinamizar cada vez mais a máquina administrativa, para que possa desincumbir-se a contento das tarefas sempre mais complexas que lhe cabe executar. Procura-se fazer muito e melhor, em menos tempo e com menor dispêndio e dispersão de esforços.

Como atividade autônoma perfeitamente caracterizada, a Administração Pública tem uma linguagem particular, típica, para redigir os diversos atos de que se vale para comunicar-se internamente e com o mundo exterior.

Devido à complexidade e importância dos interesses contidos em seu objeto, a atividade administrativa necessita de uma linguagem o mais possível perfeita, visto que quaisquer confusões estão destinadas a gerar conflitos desagradáveis e a perda de um tempo cada vez mais precioso.

Lamentavelmente, e parece que não sem nenhuma razão, está havendo uma queixa geral e ascendente contra a linguagem administrativa oficial. Queixam-se os usuários dos serviços públicos por não entenderem ou entenderem com dificuldade o conteúdo dos papéis que lhes vêm às mãos. Queixam-se as chefias dos órgãos públicos, o que também acontece nas empresas particulares, por não encontrarem, no quadro de seus funcionários, elementos a quem confiar uma redação que possa ser subscrita com segurança. Queixam-se também, deve-se dizê-lo, os próprios redatores, pela insensibilidade e mesmo negativa de algumas chefias em aceitar qualquer inovação na maneira de redigir a correspondência e demais atos administrativos.

Sem querer identificar ou apontar culpados, o fato é facilmente constatável: nos diversos documentos, com predominância em alguns mais usuais, nota-se uma confusão conceitual e uma redação que deixa muito a desejar. Usam-se inadequadamente certos documentos e criam-se novos para substituir outros que lhes fazem perfeitamente as vezes. Quanto à

redação, cabe aqui a observação que faz José Roberto Whitaker Penteado em sua excelente obra "A Técnica da Comunicação Humana": "A grandeza é simples. Todavia, as pessoas transformam-se ao escrever, perdem a simplicidade e complicam-se mais do que os teólogos nos concílios bizantinos".

A redação de um considerável número de documentos anda, de fato, eivada de um sem-número de arcaísmos, redundâncias e outras prolixidades, fazendo com que o papel contenha o dobro de palavras que teria se redigido em linguagem clara e simples, despida de expressões desnecessárias. Pessoas que, ao falar, se expressam com a maior naturalidade, usam, ao escrever, uma linguagem pomposa, artificial e completamente anacrônica. Vai nisso, ao que parece, uma atitude de compensação, pela dificuldade intrínseca de expressão e pelo pouco conhecimento da realidade administrativa, que fornece a matéria-prima à redação. É difícil, se não impossível, escrever claramente sobre assunto que não se conhece suficientemente.

Nossos documentos oficiais trazem expressões há muito tempo em desuso e cuja exata significação escapa a grande número dos que as empregam em sua redação.

Não é nosso propósito, em absoluto, batalhar pela implantação, no serviço público, do estilo lacônico, telegráfico, seco e ríspido, despido daquela nobreza e polidez que devem ser seu apanágio. Tampouco desejamos que se introduza nos documentos administrativos a gíria fugaz e banal, reflexo de uma melancólica pobreza vocabular. O que pretendemos, isto sim, é que, também na redação oficial, se use uma linguagem condizente com a realidade atual, natural e espontânea, não pedante e gongórica; nobre e fidalga, não trivial, grosseira e irreverente.

A redação oficial está a serviço da dinâmica administrativa, cujas mensagens se destina a veicular com rapidez e eficácia. Para consegui-lo, deve valer-se dos princípios da moderna ciência da comunicação e, resumidamente, ter aquelas qualidades que sempre serão imprescindíveis a qualquer redação, principalmente a oficial, fundamentalmente pragmática e informativa: clareza e simplicidade.

Na elaboração deste livro, tivemos em mente, basicamente, dois objetivos: conceituar exatamente os diversos documentos, delimitando, dessa forma, sua aplicação, e apresentar sua estrutura mais racional e redação mais adequada. Encontramos muitas dificuldades, a maioria delas decorrentes da inexistência de normas gerais e uniformes sobre o assunto. Sempre que deparamos com duplicidade ou multiplicidade de soluções, optamos por aquela que julgamos melhor atender ao objetivo de racionalizar as comunicações oficiais, quer sob o ponto de vista de sua estrutura, quer sob o de sua redação.

Se, com este livro, alguma coisa conseguirmos melhorar, sentir-nos-emos satisfeitos e fartamente recompensados, atribuindo-o à oportunidade que nos foi ensejada de fazê-lo. De qualquer forma, por profissão e, sobretudo, por disposição íntima, continuaremos a lutar pelo aperfeiçoamento da redação oficial, convictos de que, com isso, daremos nossa parcela de contribuição ao bem comum, fim último de quem labuta na Administração Pública.

Se algumas impropriedades dissemos, e é muito provável que o tenhamos feito, que o espírito é fraco, pedimos encarecidamente que no-las apontem, pois teremos o máximo interesse em corrigi-las.

O AUTOR

Primeira Parte

ASPECTOS GERAIS

1 – Correspondência oficial e redação oficial

Correspondência oficial é o meio usado para se manterem relações de serviço na administração pública direta e indireta, nas órbitas federal, estadual e municipal.

Redação oficial é a maneira de redigir a correspondência e outros atos, em objeto de serviço, nos diversos órgãos públicos.

1.1 – Redação oficial e redação técnica

> *O sentido técnico das palavras e o emprego delas em situações impróprias têm gerado, na administração pública, não só equívocos que redundam em prejuízo, mas também alguns conflitos que seriam facilmente evitáveis, não fora o emprego inapropriado de certos termos técnicos.*
>
> Alice Cunha

A redação oficial, pelo fato de preocupar-se, acima de tudo, com a objetividade, a eficácia e a exatidão das comunicações, pode ser considerada, em sentido amplo, como redação técnica. Enquanto, na redação literária, se dá maior relevo aos aspectos artísticos da linguagem, esta, na redação técnica, assume um caráter predominantemente instrumental, pragmático. Não que à redação técnica esteja de todo ausente a preocupação estética. Trata-se, apenas, de uma questão de ênfase.

Em linhas gerais, a redação oficial serve-se das mesmas palavras, expressões e frases que se empregam na linguagem corrente. Nela, todavia, como, de resto, em qualquer tipo de redação técnica, certos termos assumem acepções especializadas, restritivas, caracterizadoras de ideias, situações, circunstâncias e fatos nitidamente delimitados.

Quantas discussões, efetivamente, não se criam e alimentam do emprego indevido de certas palavras ou expressões num ato administrativo, propiciando copiosa e enfadonha literatura de pareceres interpretativos em torno de seu sentido e alcance. O problema aumenta de intensidade

quando se entra na esfera dos atos de conotação jurídica, uma vez que, devido aos interesses em jogo, os conflitos se tornam mais frequentes e assumem maiores proporções.

A redação oficial também possui certas fórmulas e modos de dizer a ela peculiares. O redator de atos administrativos deve inteirar-se dessas particularidades, a fim de que saiba dar a forma mais adequada à mensagem que visa a transmitir. A vivência da função pública administrativa e a leitura atenta e reflexiva de atos oficiais, aliadas ao exercício constante e a um pouco de senso artístico, contribuem decisivamente para alguém se tornar um bom redator.

1.2 – A redação oficial e a ciência da comunicação

Comunicar é procurar resposta do recebedor. Qualquer fonte de comunicação se comunica a fim de fazer com que o seu recebedor faça alguma coisa, fique sabendo alguma coisa, aceite alguma coisa.
David K. Berlo

O redator de atos oficiais, além de conhecer determinadas peculiaridades semânticas da terminologia administrativa e de estar informado de certas praxes do estilo oficial, deve, também, valer-se de algumas das modernas conquistas da ciência da comunicação. Assim, por exemplo, deve ele considerar o destinatário antes de emitir a mensagem. Realmente, em qualquer processo de comunicação, como diz Charles E. Redfield, "*aquele a quem* se fala é, muitas vezes, tão importante quanto *aquilo* que se diz, já que a pergunta *a quem* determinará, em grande parte, como deve ser feita a comunicação". A mensagem não compreendida exatamente pelo seu receptor pretendido torna-se, muitas vezes, motivo de conflitos ou, ao menos, de reações inadequadas, quando sua finalidade é concorrer para o funcionamento harmônico e operante de um órgão ou setor de trabalho. O destinatário é, pois, elemento de extrema importância a ser considerado em qualquer comunicação.

A *finalidade* da mensagem é outro fator importante que o redator de atos oficiais deve levar em consideração. Quem recebe uma mensagem deve saber o seu propósito: recebeu-a porque tem autoridade ou responsabilidade para agir, porque a informação lhe pode ser útil, ou por outra razão qualquer. O importante é que haja uma razão e que esta seja clara.

1.3 – Qualidades da redação oficial

Resta-nos esperar que, desataviando-se a correspondência oficial dos moldes rotineiros, crie-se, enfim, um espírito de renovação na arte que, embora não devidamente valorizada, exige, antes de tudo, uma prosa exata e enxuta, sem os atavios que a tornam inexpressiva exatamente por sua falsa e fátua grandiloquência.
José Augusto Guerra

Para que a redação oficial alcance melhor seu objetivo, para que cumpra sua tarefa de comunicação eficiente e eficaz, é necessário que possua certas qualidades básicas, que se podem resumir nas seguintes:

1.3.1 – Objetividade (impessoalidade)

Por humana e natural vaidade, todo aquele que escreve tende a fazer piruetas diante do leitor.
G. Martin Vivaldi

O estilo é objetivo quando quem escreve se esquece de si mesmo e procura dar uma impressão exata das coisas. Deve-se, pois, evitar o subjetivismo, isto é, a projeção do redator diante da mente do destinatário.

Ser objetivo exige que se coloque uma coisa depois da outra, evitando-se o supérfluo, quer dizer, tudo quanto possa dificultar a marcha do pensamento. Que não se diga nada mais do que deva ser dito, dizendo-o com exatidão. Já passou a época dos que, ao escrever, se escutam deslumbrados, sem pensar em quem irá lê-los.

A impessoalidade traduz a ideia de que as comunicações oficiais partem do Serviço Público e veiculam assuntos desse Serviço. Os documentos administrativos são da responsabilidade do órgão ou entidade da Administração Pública, que é, pois, o verdadeiro autor institucional do ato ou documento elaborado e expedido.

1.3.2 – Correção

A inteireza do espírito começa por se caracterizar no escrúpulo da linguagem.
Rui Barbosa

A correção gramatical é requisito básico para qualquer tipo de redação. Consiste no respeito às normas e princípios do idioma, confirmados pelo uso dos bons autores.

Para obter a correção, devem-se evitar os *solecismos* (erros de sintaxe), as *deformações* (erros na forma das palavras), os *cruzamentos* (troca de palavras parecidas), os *barbarismos* (emprego abusivo de palavras, expressões e construções estrangeiras) e os *arcaísmos* (emprego de palavras, expressões e construções antiquadas). Também os *neologismos* devem ser evitados, sempre "quando existem e estão em voga expressões portuguesas que dizem exatamente a mesma coisa." (Said Ali)

Ao se falar em arcaísmos, surge uma questão que sempre propicia discussões cheias de justificativas e arrazoados da mais diversa espécie: a *imitação de modelos*. Na redação oficial, é certo, não se busca a originalidade. Isso, todavia, não significa que se consagre a repetição pura e simples, maquinal e indefinida, despida de qualquer espírito crítico, de modelos e fórmulas de dezenas (quase uma centena!) de anos. A imitação é salutar, desde que feita com espírito crítico. Os tempos e as situações mudam, como também mudam os destinatários, o que justifica e exige mesmo uma atualização periódica dos modelos e a substituição ou até o abandono de certas fórmulas estereotipadas, completamente inexpressivas e até incompreensíveis para muitos redatores e leitores atuais. Em redação exige-se propriedade vocabular, e esta possui duas características básicas: a adequação da palavra ao objeto e ao momento. A linguagem deve acompanhar o progresso da vida, deve evoluir. Ela, além disso, como diz Karl Vossler, "não é mera função, mas também atividade consciente e autônoma, exercício e obra do espírito".

1.3.3 – Concisão

A diferença entre o escritor e o escrevedor está sobretudo na economia vocabular. Conseguir o máximo com o mínimo – eis um sábio programa.

Celso Pedro Luft

A concisão é, segundo Albalat, "a arte de encerrar um pensamento no menor número possível de palavras". É a faculdade de transmitir o máximo de ideias com o mínimo de palavras. Consiste em apresentar exatamente aquilo que se pretende comunicar, com aquelas palavras e expressões necessárias ao seu perfeito entendimento.

Conciso não quer dizer lacônico, mas *denso*. Estilo denso é aquele em que cada linha, cada palavra, expressão ou frase estão carregadas de sentido. Pela concisão não se sacrificam as ideias importantes nem se eliminam as considerações pertinentes, mas se tem sempre em mente destacar o essencial e o necessário.

Prejudicam a concisão, principalmente, os *circunlóquios* ou *perífrases* (emprego de muitas palavras para aquilo que se expressaria melhor em poucas) e as *redundâncias* (repetição das mesmas ideias, com as mesmas palavras ou palavras diferentes).

1.3.4 – Clareza

> *Eu quisera ser claro de tal forma que ao dizer rosa! todos soubessem o que haviam de pensar.*
> *Mais, quisera ser claro de tal forma que ao dizer já! todos soubessem o que haviam de fazer.*
> Geir Campos

A clareza consiste em expressar exatamente um pensamento ou emoção. O estilo é claro quando o pensamento de quem escreve penetra sem esforço na mente do leitor.

"Importa", diz Quintiliano , "que seja tal a clareza, que a mais fraca atenção baste para compreender e o pensamento impressione os espíritos, como o sol impressiona a vista. Não basta que o ouvinte possa compreender-nos; mister é, mais do que isso, que de nenhum modo nos possa deixar de compreender."

O escritor francês La Bruyère, de sua parte, fazia notar que "todo escritor, para escrever com clareza, deverá pôr-se no lugar dos seus leitores."

Para a clareza muito concorre a concisão. Ademais, para consegui-la, convém, principalmente, evitar as ambiguidades (possibilidade de duplo sentido), a quebra da ordem lógica e o excesso de entrecruzamentos de aspectos, fatos ou opiniões no mesmo período. Não podem ser claras frases que pareçam labirintos ou centopeias. Deve-se, igualmente, ter o máximo cuidado em pontuar bem e empregar a palavra precisa. A pontuação inadequada é, muitas vezes, fator de interpretações discordantes e completamente distorcidas do sentido que se pretendeu dar ao texto.

Escrever claro, por outro lado, pressupõe ideias claras. Sem clareza de ideias não há possibilidade de expressão clara. Não era por outra razão que Boileau recomendava: "Antes de escrever, aprenda a pensar". O conhecimento do assunto é pedra fundamental para qualquer forma de expressão do pensamento. Quem não conhece suficientemente o assunto sobre que escreve, mais cedo ou mais tarde acabará penetrando num emaranhado de palavras, em que se enredará completamente, sem que tenha tornado claro seu pensamento.

1.3.5 – Precisão

Não use palavras imprecisas como se elas não tivessem um sentido preciso; não use imprecisamente palavras precisas; prefira a palavra concreta à palavra abstrata; prefira a palavra simples às palavras mais complexas; evite as expressões familiares e as expressões muito vulgares, que podem ter perdido o seu significado original.
A. C. Leyton

A precisão é a qualidade do estilo pela qual não devemos empregar senão os termos necessários à enunciação das ideias, abreviando a expressão, de feitio tal que seja cópia fiel do pensamento que intentamos traduzir.
Ernesto Carneiro Ribeiro

Se, na linguagem literária, há uma certa liberdade de se usarem sinônimos, isso não se dá, em igual medida, na redação técnica, em que as palavras têm, geralmente, acepções inconfundíveis e diferenciadoras, cuja troca ou substituição pode implicar entendimento diverso daquele que se pretendeu dar. Devem-se, por outro lado, evitar, na redação oficial, mesmo que não se trate de comunicação estritamente técnica, aquelas palavras e expressões vagas, imprecisas e incolores, que, à força de servirem para tudo, terminam não servindo para nada.

1.3.6 – Harmonia

Também as palavras são uma espécie de conchas, às quais temos de encostar o ouvido com humilde atenção, se quisermos apreender a voz que dentro delas soa.
Antonino Pagliaro

A harmonia, segundo José Oiticica, consiste no "ajustamento harmônico das palavras na frase e das frases no período". Embora, na redação técnica, se dê preferência à ordem direta, as palavras e frases devem ser combinadas e dispostas harmonicamente, de modo que a leitura do texto resulte agradável, o que muito contribuirá para predispor favoravelmente o leitor para aquilo que se lhe propõe.

Especialmente prejudiciais à harmonia são os *cacófatos* (palavras obscenas ou inconvenientes resultantes do encontro de sílabas finais com sílabas iniciais), as *assonâncias* (semelhança ou igualdade de sons na frase ou no período) e os *ecos* (repetição sucessiva de finais idênticos).

1.3.7 – Polidez (formalidade)

Não é preciso ser rude para ser honesto ou mentir para ser cortês.
Grace Stuart Nutley

A polidez consiste no emprego de boas maneiras, de expressões fidalgas, no tratamento respeitoso, digno e apropriado aos superiores, iguais e inferiores. Repugnam-lhe, acima de tudo, as expressões plebeias, os tratamentos desrespeitosos e irreverentes, a intimidade, a gíria, a banalidade, a ironia e as leviandades. A polidez abrange ainda a discrição, qualidade indispensável a todos quantos lidam com assuntos oficiais, muitas vezes sigilosos e de publicidade inconveniente.

Deve-se ter em mente, ao redigir qualquer documento da correspondência oficial, que a polidez vem mais da totalidade do texto que de um começo repetitivo ou de um fecho estereotipado, redundante ou contraditório, aglomerado de amabilidades ilógicas e, muitas vezes, insinceras. É bem provável que o destinatário nem sequer leia esse fraseado retumbante.

1.4 – Apresentação dos papéis

[...], para bem se compreender a natureza e o funcionamento da linguagem humana, é preciso partir da apreciação da linguagem oral e examinar em seguida a escrita como uma espécie de linguagem mutilada, cuja eficiência depende da maneira por que conseguimos obviar à falta inevitável de determinados elementos expressivos.
J. Mattoso Câmara Jr.

Na linguagem falada dispomos de uma série de reforços que não temos na escrita: o timbre da voz, a entonação, os gestos, o jogo fisionômico e um sem-número de outros reforços, que contribuem para a mais fácil e eficiente transmissão e recepção da mensagem. Como, ao escrever, não se pode contar com esses reforços, deve-se compensá-los da melhor maneira possível. Isso se consegue, em grande parte, mediante a disposição geral do texto, dos espaços, das margens e dos parágrafos, dos destaques oportunos e discretos, da limpeza do escrito, enfim, da apresentação estética e impecavelmente asseada do papel.

A apresentação correta e agradável dos papéis é de suma importância na correspondência oficial, sendo, muitas vezes, direta e decisivamente responsável pela criação de atitudes favoráveis em relação ao que se pretende comunicar.

2 – Digitação qualitativa – normas e recomendações

2.1 – Numeração dos artigos

Os artigos, unidades básicas da articulação, são indicados pela abreviatura "Art.", seguida de numeração ordinal até o nono e cardinal, a partir do décimo, com ponto após o número:

Art. 8º ....

Art. 9º ....

Art. 10. ....

Notas

1ª – No interior do texto, o termo *artigo* é grafado com inicial minúscula.

2ª – Denomina-se *caput* (cabeça, em latim) o nome atribuído ao dispositivo inicial, que contém a ideia central do artigo, quando desdobrado em parágrafos, incisos, alíneas e itens.

2.2 – Grafia dos parágrafos

Os artigos desdobram-se em *parágrafos* ou *incisos*. O parágrafo é representado pelo sinal gráfico "§", seguido de numeração ordinal até o nono e cardinal a partir deste: § 8º, § 9º; § 10., § 34.

Se no texto do ato normativo houver apenas um parágrafo, utilizar-se-á -se a expressão "parágrafo único"por extenso:

§ 8º ....

§ 9º ....

Parágrafo único.

O inciso é representado por algarismos romanos.

III – ....

IV – ....

Notas

1ª – O sinal gráfico "§" configura dois *esses* entrelaçados. Corresponde à expressão latina *signum secctionis*, que significa *sinal de se(c)ão, divisão, corte.*

2ª – São incorretas as formas "§ único" "parágrafo 1º" e assemelhadas , devendo-se, pois, sempre representar a expressão *por extenso.*

3ª – Quando, num texto forense, se fizer menção a dois parágrafos seguidos, emprega-se a forma pluralizada §§. Exemplo: [...] conforme disposto nos §§ 9º e 11 do art. 32 da Lei dos Condomínios e Edificações. Segundo consta nos §§ 1º, 2º, 3º, 4° e 5º, e respectivos incisos, do art. 6º do Estatuto do Torcedor.

O parágrafo, que explica, restringe ou modifica a disposição principal, contida no artigo, desdobra-se em *incisos*, representados por algarismos romanos: I, VIII, XXIV, LXXVIII, etc. A propósito, o art. 5° da Constituição da República contém setenta e oito incisos.

Notas

1ª – O inciso tem as formas abreviadas *inc.* (singular) e plural: *incs.*

2ª – Quanto à leitura dos incisos, não há muitas informações a respeito da matéria. Os poucos autores que tratam do assunto, recomendam que se faça a leitura em cardinal, como se houvesse a palavra "número" entre eles: inciso VIII (inciso oito); inciso IX (inciso nove), inciso LXXVIII (inciso setenta e oito); inciso XL (inciso quarenta; etc.). Essa leitura talvez se deva ao fato de ela ser mais fácil de enunciar.

A *alínea* é representada por letra minúscula (em itálico, de preferência), seguida de parêntese e separada do texto por um espaço em branco: *c), f)*:

"Conforme alíneas b) e d) do § 2º do art. 29 da CLT" [Consolidação das Leis do Trabalho].

Em atenção à nomenclatura oficial, deve-se empregar o termo *alínea*, e não *letra*.

A alínea, que serve de desdobramento exclusivo do inciso, subdivide-se em *itens*.

O item é representado por algarismo arábico, seguido de ponto e separado do texto por um espaço em branco: item 1., item 14., itens 7 e 10.

2.3 – Grafia de datas

a) Os números cardinais, quando designam um *ano*, devem ser escritos sem ponto ou espaço separando as classes. Assim, deve-se escrever 2014, 2015, e não 2.015, 2.016 ou 20 15, 2 016.

b) Para separar os elementos de uma data (dia, mês e ano), é preferível usar o hífen, que proporciona maior clareza gráfica do que o ponto (.) ou a diagonal (/): 15-10-2015; 1°-11-2016.

c) Nos casos em que se queira ou deva resguardar a data contra possíveis alterações fraudulentas, é conveniente antepor um zero ao número indicativo do dia (08) e do mês (02): 09-01-1990. Atualmente, a anteposição do zero também pode atender a critérios estéticos, a exigências burocráticas ou a características da linguagem eletrônica.

Nota – Em atos normativos, as datas devem ser escritas por extenso, sem que o algarismo indicativo do dia seja precedido de zero (exemplo: 2 de dezembro de 1992, e não 02 de dezembro de 1992). O primeiro dia do mês, nesses atos, deve ser indicado pelo algarismo *1* seguido do símbolo de número ordinal (exemplo: 1º de fevereiro de 2015); em outras situações, pode-se empregar também a forma cardinal: 1 (ou 01) de fevereiro de 1993. (Quanto à anteposição do zero, veja a alínea *c*, acima.)

2.4 – Questões de translineação

2.4.1 – Vogais isoladas

Por questão de estética, não convém deixar uma vogal isolada do resto da palavra, no princípio ou no fim de uma linha digitada:

. . . . em situações i-
dênticas, ...

. . . . mediante a-
testado fornecido . . . . , casos em que se atenu-
a a responsabilidade dos . . . .

. . . . Não havi-
a nada que justificasse . . .

2.4.2 – Palavras obscenas ou ridículas

Deve-se evitar, ao translinear, a partição silábica em que uma parte do elemento dividido lembre palavra obscena ou ridícula:

. . . . No âmbito fede-
ral, a matéria é . . . . O referido servidor acu-
mula as funções . . .

2.4.3 – Compostos hifenizados

Quando, ao translinear, a partição silábica coincidir com o final de um dos elementos de composto que contém hífen, deve-se, por razões de clareza, repetir, na linha seguinte, o traço de união. Trata-se de recurso de clareza gráfica, usado, aliás, segundo pesquisa feita, pela maioria das grandes editoras brasileiras e portuguesas:

. . . . é obtida somando-
-se os valores . . . .

. . . . para aquisição da matéria-
-prima necessária à . . . .

. . . . ocasionado por um curto-
-circuito nas instalações . . . . Informamos-
-lhe, outrossim, que as . . .

2.4.4 – Posição do hífen

Não se pode, com a finalidade de emparelhar a margem direita do papel, deixar espaço entre o hífen que marca a translineação e a parte da palavra por ele dividida:

. . . . destinados a trans -
portar os excedentes . . . . a pronta interfe -
rência das autoridades . . .

2.4.5 – Espaçamento de letras

Não se pode, com a finalidade de emparelhar a margem direita do papel, espaçar as letras de uma palavra:

. . . ., o servidor d e v e
proceder a . . . ., casos em que n ã o
compete . . .

2.4.6 – Tapa-margem

Constitui erro (denominado tapa-margem) empregar diagonal (/), hífen (-), asterisco (*) ou qualquer outro sinal com a exclusiva finalidade de emparelhar a margem direita do papel:

. . . . da execução dos /
serviços . . . ., de 18 de dezembro de 1972, -
que o designa para . . .

O emprego do tapa-margem é lícito em documentos cujo teor deva ser resguardado contra possíveis fraudes, tais como certidões e recibos.

Nota – Muitos países, quando se deram conta do desperdício de tempo e papel que ele acarreta, aboliram o tabu da margem direita do papel digitado, apenas tendo o cuidado de não ultrapassar a margem de segurança (1,5 cm ou 6 toques). Se fizéssemos o mesmo, muito papel deixaria de ir para o lixo, por causa de uma ou duas letras a mais numa sílaba, e bem maior número de documentos seria digitado em menor espaço de tempo. A margem direita exata, sem o recurso do tapa-margem, só é possível em trabalhos feitos com calma, sendo recomendável na confecção de documentos especiais e em matrizes, cuja reprodução múltipla compensará o tempo gasto.

2.4.7 – Grafia de importâncias

Se o número representativo da importância não couber na mesma linha, convém fazer assim:

. . . . , deduzida a quantia de R$
150.000,00 (cento e cinquenta mil reais), referente a . . .

Nota – A não translineação do conjunto numérico indicativo da importância visa a facilitar a leitura. A repetição da quantia, por extenso, entre parênteses, logo após a forma em algarismos,

visa a impedir tentativas de alteração fraudulenta. Na indicação de outros conjuntos numéricos (CIC, CGC, carteira de identidade, etc.), é indiferente translinear, ou não, os algarismos correspondentes, que, no caso, têm mera função de registro, ausente o interesse de leitura mais rápida.

2.4.8 – Siglas

As siglas também podem ser translineadas, fazendo-se a divisão em qualquer parte, se forem simples, ou separando-se os elementos, se forem compostas:

. . . . por intermédio do Conselho Nacional de Comunicações (CON-
TEL), órgão encarregado de . . . ., a ser ministrado nas dependências da ADVB-
-PA, que . . .

2.5 – Espaços entre palavras

Entre palavras e após sinais de pontuação, o espaço máximo permitido é *dois* toques:

"O anseio por clareza é, antes de tudo, um esforço para melhorar o emprego e o entendimento da linguagem." (Charles E. Redfield)

2.6 – Sinais de pontuação

Os sinais de pontuação devem ser colocados imediatamente antes ou depois da palavra, exceto o *travessão*:

"O relatório – e, em especial, o relatório técnico – por ser um documento informativo, não pode contentar-se com aproximações: requer precisão." (G. Bousquié)

2.7 – Sublinha e sinais de pontuação

Não se sublinham os sinais de pontuação, exceto o hífen. Este, todavia, não deve ser sublinhado quando representa mero sinal de translineação:

As indústrias estão com falta de <u>matéria-prima</u>. . . . .
. . . ., exercendo as funções de <u>redator</u>-
-<u>chefe</u>, . . .

2.8 – Sublinha e espaço entre palavras

Não se sublinha o espaço entre as palavras:

A experiência não é o que sucede a um homem, <u>mas</u> <u>aquilo</u> <u>que</u> <u>ele</u> faz <u>com</u> <u>o</u> <u>que</u> <u>lhe</u> <u>sucede</u>. (Aldous Huxley)

2.9 – Destaque de palavras e expressões

Há diversas maneiras de destacar palavras ou expressões:

a) sublinhando-as:

Revista de Administração Pública

b) colocando-as entre aspas:

"Movimento Brasileiro de Alfabetização"

c) espaçando as letras:

u r g e n t e

d) escrevendo-as em caracteres maiúsculos:

FUNDO DE GARANTIA DO TEMPO DE SERVIÇO

e) imprimindo-as em negrito:

Os jovens são **teoria**; os velhos, **fatos**.

f) mediante caracteres em itálico:

Abrir uma *escola* é fechar uma *prisão*.

g) pelo emprego de cor diferente, processo que não cabe em documentos oficiais.

Nota – Deve-se evitar o emprego de duas formas, simultaneamente, para destacar a mesma palavra ou expressão. Por exemplo: escrever em caracteres maiúsculos e sublinhar. O destaque em excesso é antiestético e, o que é pior, perde seu efeito.

2.10 – Caracteres maiúsculos e acentuação gráfica

Quando se escrevem as palavras em caracteres maiúsculos, elas ainda continuam subordinadas às regras de acentuação gráfica, pois estas nada têm a ver com o tamanho das letras:

BRASÍLIA BELÉM ANTÔNIO TIETÊ

2.11 – *Senhor* (uso da abreviatura de)

A palavra *senhor* só pode ser abreviada quando seguida de substantivo próprio ou pessoalizado:

Sr. Ricardo Srs. Diretores

2.12 – Emprego das aspas

2.12.1 – Transcrições ou citações parciais

Quando as aspas abrangem apenas parte do período, frase ou expressão, os sinais de pontuação que encerram o texto ficam excluídos delas:

Certo autor definiu o tato como "a parte não dita do que se pensou".

Diz Schopenhauer: "Ao caminhar pela vida fora, um homem verá a utilidade que tem em fazer duas coisas: olhar para a frente e olhar de cima: uma protege-o dos prejuízos e das injúrias; outra, das disputas e das brigas".

"Mandar" nem sempre significa "enviar".

2.12.2 – Transcrições ou citações integrais

Quando as aspas abrangem todo o período, frase ou expressão, os sinais de pontuação que encerram o texto ficam abrangidos por elas:

"As palavras não são coisas, mas podem ferir tanto como pedras e cajados e iludir enormemente."

"O bom gosto é refletido pelos bons modos."

2.12.3 – Transcrição de apenas um parágrafo

Sempre que o trecho transcrito constar de apenas um parágrafo, as aspas de abrir deverão ser colocadas no começo do parágrafo, e, as de fechar, no fim da última linha.

2.12.4 – Transcrição de diversos parágrafos

Se o trecho transcrito contiver diversos parágrafos, as aspas de abrir serão colocadas no início de cada parágrafo, e, as de fechar, somente no final do último parágrafo.

2.12.5 – Citação dentro de transcrição

Se o trecho transcrito contiver, por sua vez, alguma citação, esta terá aspas de abrir no começo de cada linha, e de fechar no fim da última.

2.12.6 – Excesso de aspas

Quando ocorre citação dentro de uma transcrição, pode-se, para evitar o excesso de aspas, fazer uso das aspas simples (') ou da sublinha (grifo da tipografia):

"O testamento é ato 'mortis causa' (latim: por causa da morte), só produzindo efeitos após a morte do testador."

"A transcrição confere apenas presunção 'juris tantum' (latim: pertencente apenas ao direito) de domínio."

"É demissível 'ad nutum' (latim: segundo a vontade, ao arbítrio) todo aquele que não goze de estabilidade assegurada por lei."

2.13 – Grafia de palavras e expressões estrangeiras

As palavras e expressões estrangeiras devem ser escritas entre aspas ou sublinhadas (grifo da tipografia):

Conferiram-lhe o título de doutor "honoris causa".

O juiz deve recorrer *ex officio.*

2.14 – Caixa postal e telefone

Os números de caixa postal e de telefone nunca devem ser precedidos de vírgula, mesmo quando se omite a abreviatura n. (número):

telefone n. 3224-8033 telefone 3225-9712

caixa postal n. 814 caixa postal 298

2.15 – Nome e número de rua

Põe-se vírgula entre o nome da rua (avenida, travessa, etc.) e o número do imóvel, pois esta complementação numérica tem caráter *explicativo.* A abreviatura *n.* é *dispensável* e não tem qualquer implicação no emprego da vírgula:

Avenida João Pessoa, n. 437 Rua Gonçalves Dias, 976

2.16 – Traço para assinatura

É dispensável, em qualquer documento, o traço para assinatura acima do nome digitado do signatário.

2.17 – Formas combinadas e parênteses

Somente se podem empregar parênteses em formas combinadas quando, se retirados, a leitura do novo grupo de letras ficar normal:

senhor(es) – senhores professor(a) – professora

Devem, pois, ser evitadas combinações tais como *pagarei(emos), recebi(emos), prezado(a),* etc., as quais, retirando-se os parênteses, dariam, respectivamente, as formas "pagareiemos", "recebiemos" e "prezadoa". Em casos como esses, a melhor solução é a seguinte:

receb $\frac{i}{emos}$ pagar $\frac{ei}{emos}$ datilógraf $\frac{o}{a}$

Nota – Na correspondência oficial, deve-se evitar, sempre que possível, o emprego das formas combinadas.

2.18 – Destaque no endereçamento

No endereçamento interno, não se destaca o nome do destinatário, podendo-se destacar a localidade de destino da correspondência:

BLUMENAU – SC GRAMADO (RS)
NESTA CAPITAL

No endereçamento externo, não se deve sublinhar o nome da localidade de destino. Sobre a representação do número do CEP, **veja 2.31 – Indicação do CEP.**

2.19 – Destaques indevidos

Não se deve escrever inteiramente em caracteres maiúsculos o vocativo, certos fechos (atenciosamente, saudações, etc.) e o nome e o cargo ou função de quem assina a correspondência. Trata-se de destaques desnecessários e impróprios.

2.20 – Espaço entre o número e o símbolo da unidade

É indiferente deixar espaço entre o número e o símbolo da unidade ou escrevê-los sem intervalo. Não se deve deixar espaço sempre que houver a possibilidade de fraude em certos documentos:

11 h ou 11h (onze horas) 200 m ou 200m (duzentos metros)

"O espaçamento entre um número e o símbolo da unidade correspondente deve atender a conveniência de cada caso. Assim, por exemplo: *a*) em frases de textos correntes, é dado normalmente o espaço correspondente a uma ou a meia letra, mas não se deve dar espaçamento quando há possibilidade de fraude; *b*) em colunas de tabelas, é facultado usar espaçamentos diversos entre os números e os símbolos das unidades correspondentes." (Decreto n. 81.621, de 3-5-1978)

2.21 – Espaços interlineares em documentos

a) Ofício, portaria e outros papéis: 2.

b) Memorando: 1,5 ou 2.

c) Transcrições ou citações: 1.

2.22 – Pontuação do vocativo

Nos documentos da correspondência oficial, o vocativo é, tradicionalmente, seguido de dois-pontos:

Excelentíssimo Senhor Governador:

Senhor Diretor:

Senhor Superintendente:

Notas

1ª – No *Manual de Redação da Presidência da República* (Brasília, 2002 – edição vigente), adotou-se a *vírgula* para a pontuação do vocativo nos documentos da correspondência oficial. Essa pontuação, todavia, além de contrariar o uso, já tradicional, dos *dois-pontos*, conflita com a inicial maiúscula, em nova linha, do texto do documento. Assim, é preferível, até por mais lógico, o uso dos *dois-pontos*, pontuação que se coaduna perfeitamente com a inicial maiúscula, em nova linha, do texto a seguir. Com efeito, não é usual a letra maiúscula após *vírgula*; no entanto, é inteiramente cabível a inicial maiúscula após *dois-pontos*, sempre que o texto em sequencia, como sucede nos documentos da correspondência oficial, constitui estrutura oracional *nova* e *autônoma*, não dependente de qualquer termo anterior. Dessa forma, por considerá-lo mais em harmonia com a melhor tradição e as normas do idioma, preferimos e recomendamos o uso de *dois-pontos* após o vocativo nas comunicações oficiais. Não se justifica romper uma tradição com o ônus e o inconveniente de se adotar uma prática menos qualificada.

2ª – Em aditamento às considerações supraexpendidas, acrescentam-se duas informações:

a) Carlos Henrique da Rocha Lima, em sua *Gramática normativa da língua portuguesa* (15. ed. refundida), estas informações:

Nas cartas, requerimentos, ofícios, relatórios, etc., varia o uso das notações do vocativo inicial. Ora figura o ponto simples, ora dois-pontos, ora a vírgula e, com frequência, nota-se, até, a ausência de qualquer pontuação. Abona suas observações com vários exemplos de autores consagrados (Eça de Queirós, Machado de Assis, Casimiro de Abreu, Graça Aranha e Artur de Azevedo). Em seguida, conclui: Na "redação oficial" (itálico no original), é de uso mais frequente o emprego dos" dois-pontos (itálico no original), com o acréscimo destes exemplos: *Excelentíssimo Senhor Presidente da República: Sr. Diretor.*

b) Celso Cunha e Luís F. Lindley Cintra, em sua *Nova gramática do português contemporâneo* (Rio de Janeiro: Nova Fronteira, 1985), fazem estas observações:

Depois do vocativo, que encabeça cartas, requerimentos, ofícios, etc., costuma-se colocar dois-pontos, vírgula ou ponto, havendo escritores que, no caso, dispensam qualquer pontuação, assim: *Prezado Senhor: Prezado Senhor. Prezado Senhor, Prezado Senhor*

E acrescentam: *Sendo o vocativo inicial emitido com entonação suspensiva, deve ser acompanhado, preferentemente,de dois-pontos ou de vírgula, sinais denotadores daquele tipo de inflexão.*

c) Adriano da Gama Kury, em sua obra *Ortografia, pontuação, crase* (Rio de Janeiro: FENAME, 1982, ao tratar dos dois-pontos, expressa, de forma concisa, precisa e esclarecedora o ponto de vista do qual comungamos e que expusemos na 1ª nota acima, nestes termos:

Obs. – *São os dois-pontos o sinal de pontuação preferível após o vocativo que encabeça uma carta, requerimento, ofício, etc. (quando menos por motivos estéticos, já que acaba uma linha, e a seguinte começa com inicial maiúscula*), embora muitos empreguem vírgula, ponto de exclamação, ponto, ou mesmo dispensam qualquer sinal: Caro amigo: Prezados senhores: Senhor Diretor:, etc.

Honra-me sobremaneira contar com o respaldo do competente gramático e professor Adriano da Gama Kury, cujas lições, expostas em diversas obras, foram (e ainda são) de extrema valia em meus já longos anos de magistério.

2.23 – Espaços impróprios

Não se deve deixar espaço:

a) antes ou depois do hífen (nem com a finalidade de emparelhar a margem direita do papel);

b) entre as aspas e o que está escrito dentro delas;

c) entre os parênteses e o que está escrito dentro deles;

d) entre uma palavra e a pontuação que a segue (nem com a finalidade de emparelhar a margem direita do papel). Excetua-se o travessão, que fica a um espaço da palavra anterior e da seguinte.

2.24 – Número e início de frase

Nunca se deve escrever um número em início de frase:

Errado: 2015 foi um ano bom para o . . . . .

Certo: O ano de 2015 foi . . . . .

Errado: 50% da população . . . . .

Certo: Cinquenta por cento da população . . . . .

2.25 – Algarismos romanos e pontuação

Os algarismos romanos são escritos em letras maiúsculas e não devem ser seguidos de ponto:

II – (2)XX – (20)CC – (200)M – (1000)

Na numeração de títulos, por exemplo, quando feita com algarismos romanos, far-se-á assim:

V – Credibilidade das fontes de informação

Empregando-se algarismos cardinais, haverá o ponto ou travessão:

6. Qualidades dos argumentos, ou *6 – Qualidades dos argumentos.*

2.26 – Assinatura por dois chefes de serviço

Quando dois chefes de serviço assinam um documento, cabe a esquerda ao superior. À direita, assina o diretamente responsável pelo teor do documento.

2.27 – Grafia de numerais em atos normativos

Em atos normativos, os numerais devem ser escritos por extenso quando constituírem uma única palavra (doze, setenta, duzentos, mil, etc.).

Quando constituírem mais de uma, deverão ser grafados em algarismos (26, 243, 917, etc.). Os numerais indicativos de porcentagem seguem a mesma regra: a expressão *por cento* será grafada por extenso se o numeral constituir uma única palavra (doze por cento, cem por cento, etc.), e na forma numérica seguida do símbolo % se o numeral constituir mais de uma palavra (32 %, 147 %, etc.). Não se usa indicação em algarismos acompanhada da sua grafia por extenso, por exemplo: 37 % (trinta e sete por cento).

Nota – Os *valores monetários* devem ser expressos em algarismos, seguidos da indicação por extenso, entre parênteses: R$ 1.580.000,00 (um milhão, quinhentos e oitenta mil reais). Sobre a translineação de valores monetários, veja *2.4 – Questões de Translineação, Grafia de Importâncias*, p. 24. Veja, também, 2.3 – *Grafia de datas, Nota* , p. 24.

2.28 – Iniciais do redator e do digitador

Tanto as iniciais do redator quanto as do digitador (e também as do revisor, se houver) devem ser maiúsculas, em atenção às normas ortográficas vigentes, que estabelecem o emprego de iniciais maiúsculas nos nomes próprios de qualquer natureza.

2.29 – Ponto abreviativo em final de frase

Segundo estabelecem as normas ortográficas vigentes, quando uma frase termina por abreviatura, a pontuação desta tem dupla serventia, acumulando a função de ponto-final:

A execução dos serviços foi confiada à Construtora e Incorporadora Maestri Ltda.

2.30 – Pontuação com *etc.*

A abreviatura *etc.*, apesar de presente nela a conjunção *e (et)*, pode ser precedida de vírgula. Isso porque, atualmente, ela perdeu seu sentido etimológico (= e outras coisas), passando a ser mera expressão continuativa.

Nos textos da Academia Brasileira de Letras, desde 1943, incluído o *Acordo ortográfico da língua portuguesa (1990)*, a expressão *sempre* vem precedida de vírgula, embora essa Instituição não apresente norma expressa sobre o assunto. Alguns exemplos:

a) *Pequeno vocabulário ortográfico da língua portuguesa* (de 1943):

*Os paroxítonos terminados em **um**, **uns**, têm acento agudo na sílaba tônica: álbum, álbuns, etc.*

Não se acentuam os prefixos paroxítonos acabados em ***i: semi-histórico****, etc.* (regra 43, observação 2ª)

b) *Acordo ortográfico da língua portuguesa 1990:*

Obs.: Conserva-se, no entanto, o trema, de acordo com a Base I, 3º, em palavras derivadas de nomes próprios estrangeiros: Hübner, de hübneriano, mülleriano, de Müller, etc. (Base XIV, 1ª Regra, observação)

Obs.: Certos compostos, em relação aos quais se perdeu, em certa medida, a noção de composição, grafam-se aglutinadamente: girassol, madressilva, mandachuva, pontapé, paraquedas, paraquedista, etc. (Base XV, 1ª Regra, observação)

2.31 – Indicação do CEP[1]

Na indicação do CEP – Código de Endereçamento Postal, devem-se observar as seguintes normas:

a) Não se deve escrever a sigla CEP antes do número respectivo.

b) Os algarismos indicativos devem ser escritos de forma corrida (sem ponto ou espaço entre o milhar e centena). Apensa se separarão, *por hífen* (e não por diagonal [/]) os cinco primeiros dos três últimos algarismos (que se denominam *sufixo*. Assim, por exemplo:

9130-060 (e não 90.130-060 ou 90 130-060, nem 90130/060).

c) Não se sublinha o número indicativo do CEP.

d) O número do CEP deve ser a primeira informação da última linha.

Mariane Bastos Moura
Rua do Arvoredo, 694
Jardim Sabará
Mato Grosso do Sul - MS
79045-260

[1] Fonte-base de Consulta: *Novo Guia Postal Brasileiro*, edição 1992.

3 – Formas de tratamento

3.1 – Tratamentos usuais

3.1.1 – Vossa Excelência

Emprega-se na correspondência dirigida aos seguintes destinatários:

- Presidente da República (no caso, não se admite a forma abreviada);
- Vice-Presidente da República;
- Ministros de Estado;
- Secretário-Geral da Presidência da República;
- Consultor-Geral da República;
- Chefe do Estado-Maior das Forças Armadas;
- Chefe do Gabinete Militar da Presidência da República;
- Chefe do Gabinete Pessoal do Presidente da República;
- Secretários da Presidência da República;
- Procurador-Geral da República;
- Governadores e Vice-Governadores de Estado e do Distrito Federal;
- Chefes de Estado-Maior das Três Armas;
- Oficiais-Generais das Forças Armadas;
- Embaixadores;
- Secretário Executivo e Secretário Nacional de Ministérios;
- Secretários de Estado dos Governos Estaduais;
- Prefeitos Municipais;
- Presidente, Vice-Presidente e Membros da Câmara dos Deputados e do Senado Federal;
- Presidente e Membros do Tribunal de Contas da União;
- Presidentes e Membros dos Tribunais de Contas Estaduais;
- Presidentes e Membros das Assembleias Legislativas Estaduais;
- Presidentes das Câmaras Municipais;
- Presidente e Membros do Supremo Tribunal Federal;

- Presidente e Membros do Superior Tribunal de Justiça;
- Presidente e Membros do Superior Tribunal Militar;
- Presidente e Membros do Tribunal Superior Eleitoral;
- Presidente e Membros do Tribunal Superior do Trabalho;
- Presidentes e Membros dos Tribunais de Justiça;
- Presidentes e Membros dos Tribunais Regionais Federais;
- Presidentes e Membros dos Tribunais Regionais Eleitorais;
- Presidentes e Membros dos Tribunais Regionais do Trabalho;
- Juízes de Direito, Juízes Federais; Juízes do Trabalho, Juízes Eleitorais, Juízes Militares e Juízes;
- Auditores Militares;
- Procurador-Geral do Estado;
- Membros do Ministério Público (Procuradores da República, Procuradores do Trabalho, Procuradores da Justiça Militar, Promotores da Justiça Militar, Procuradores de Justiça; Promotores de Justiça, Promotores de Justiça Adjuntos) e da Defensoria Pública (Defensores Públicos).

Notas

1ª – Relação baseada no *Manual de redação da presidência da república*, na *Lei orgânica do ministério público*, na *Lei orgânica da defensoria pública* e na *Constituição do Estado do Rio Grande do Sul* (CERS/89).

2ª – O *Manual de redação* da Câmara dos Deputados relaciona outras autoridades contempladas com o tratamento *Vossa Excelência*. Haja vista as seguintes:

- Vereador
- Vice-Prefeito Municipal
- Auditor da Justiça

Ao tratamento *Vossa Excelência* correspondem, em comunicações cerimoniosas, no vocativo e no endereçamento, as formas *Excelentíssimo* e *Digníssimo* (este último desnecessário, por ser a dignidade pressuposto para que se ocupe qualquer cargo público):

Excelentíssimo Senhor Ministro:

A Sua Excelência o Senhor
Fulano de Tal,
Ministro da Justiça.

Em correspondência não cerimoniosa, é dispensável também a forma *Excelentíssimo* antes do vocativo:

Senhor Prefeito:

Nota – Mesmo nas comunicações cerimoniosas, a tendência é restringir a forma *Excelentíssimo*, no vocativo, a comunicações dirigidas a *Chefes de Poder* (Executivo, Legislativo e Judiciário).

Para juízes, a par do tratamento *Vossa Excelência* existe o tratamento cerimonioso *Meritíssimo* (dispensável): (Meritíssimo) Senhor Juiz:

3.1.2 – Vossa Senhoria

Emprega-se na correspondência dirigida destinatários não contemplados com tratamento específico (autoridades em geral, funcionários graduados e particulares em geral).

Correspondem-lhe, em comunicações cerimoniosas, no vocativo e no endereçamento, as formas *Ilustríssimo* e *Mui(to) Digno* (ambas, no entanto, perfeitamente dispensáveis):

(Ilustríssimo) Senhor Diretor:

A Sua Senhoria o Senhor
Fulano de Tal,
(Muito Digno) Diretor do Museu Estadual Júlio de Castilhos.

Senhor Delegado:

Ao Senhor
Fulano de Tal,
Delegado Regional da Receita Federal.

Nota – Excluídos, pois, os *Chefes de Poder*, que têm o vocativo precedido da forma *Excelentíssimo*, para as demais autoridades o vocativo consistirá no tratamento *Senhor* seguido do cargo respectivo.

3.1.3 – Vossa Magnificência

Emprega-se na correspondência dirigida aos *Reitores de Universidade*. Corresponde-lhe, no vocativo de comunicações cerimoniosas, a forma *Magnífico:*

Magnífico Reitor / Magnífica Reitora:
Excelentíssimo Senhor Reitor:
Excelentíssima Senhora Reitora:

A Sua Magnificência o Senhor
Fulano de Tal,
Magnífico Reitor / Magnífica Reitora da Universidade Federal de . . . . .

Atualmente, o tratamento *Vossa Magnificência*, aplicável a Reitores de Universidades, está sendo, aos poucos, substituído por *Vossa Excelência* (dispensando-se a forma *Excelentíssimo* no vocativo e *Digníssimo* no endereçamento):

Senhor Reitor:
A Sua Excelência o Senhor
Fulano de Tal,
Reitor da Universidade Federal de . . . . .
Endereço...

3.1.4 – Vossa Santidade

Emprega-se na correspondência dirigida ao *Papa*. Corresponde-lhe, no vocativo, a forma *Santíssimo* (Padre):

Santíssimo Padre:

A Sua Santidade o Papa

Nome

Endereço

3.1.5. Vossa Eminência ou Vossa Eminência Reverendíssima

Emprega-se na correspondência dirigida aos *Cardeais*. Corresponde-lhe, no vocativo de comunicações cerimoniosas, a forma *Eminentíssimo* ou *Eminentíssimo e Reverendíssimo:*

Eminentíssimo Senhor Cardeal: *ou*

Eminentíssimo e Reverendíssimo Senhor Cardeal:

A Sua Eminência

Dom . . . .,

Cardeal de . . . . ou

A Sua Eminência Reverendíssima

Dom . . . .,

Cardeal de . . . .

3.1.6 – Vossa Excelência Reverendíssima

Emprega-se na correspondência dirigida aos *Arcebispos* e *Bispos*. Corresponde-lhe, no vocativo de comunicações cerimoniosas, a forma *Excelentíssimo e Reverendíssimo*:

Excelentíssimo e Reverendíssimo Senhor Arcebispo:

A Sua Excelência Reverendíssima

Dom . . . .,

Arcebispo de . . . .

3.1.7 – Vossa Reverendíssima *ou* Vossa Senhoria Reverendíssima

Emprega-se na correspondência dirigida aos *Monsenhores, Cônegos* e *Superiores Religiosos*. Corresponde-lhe, no vocativo de comunicações cerimoniosas, a forma *Reverendíssimo:*

Reverendíssimo Monsenhor:

A Sua Reverendíssima o Monsenhor, *ou*:

A Sua Eminência Reverendíssima

Dom . . . .

Endereço

Nota – Na correspondência dirigida ao *Núncio Apostólico*, emprega-se o tratamento *Sua Excelência Reverendíssima*:

A Sua Excelência Reverendíssima Dom . . . . ,

Núncio Apostólico.

3.1.8 – Vossa Reverência

Emprega-se na correspondência dirigida a *sacerdotes, clérigos* e *demais religiosos em geral*. Corresponde-lhe, no vocativo de comunicações cerimoniosas, a forma *Reverendo:*

Reverendo Padre:

A Sua Reverência o Padre

Fulano de Tal.

Endereço

3.2 – *Vossa* (Excelência, etc.) e *Sua* (Excelência, etc.)

a) Emprega-se a forma *Vossa* (Excelência, Senhoria, etc.) em relação à pessoa com quem se fala, *a quem* se dirige a correspondência:

Tenho a honra de convidar *Vossa* Excelência para . . . . .

Comunicamos a *Vossa* Senhoria que . . . . .

b) Emprega-se *Sua* (Excelência, Senhoria, etc.) em relação à pessoa *em quem* se fala:

A placa comemorativa foi descerrada por *Sua* Excelência o Senhor Governador do Estado.

Em audiência concedida a um grupo de turistas gaúchos, *Sua* Santidade o Papa manifestou o desejo de visitar o Brasil.

3.3 – Concordância com as formas de tratamento

3.3.1 – Concordância de gênero

Nas formas de tratamento, faz-se a concordância não com o gênero gramatical dessas formas, mas com o sexo das pessoas por elas representadas:

Vossa Senhoria será *arrolado* (homem) como testemunha.

Vossa Excelência será *informada* (mulher) imediatamente sobre a solução dada ao caso.

Diga a Sua Excelência que nós *o* (homem) aguardaremos no aeroporto.

3.3.2 – Concordância de pessoa

As formas de tratamento exigem o verbo e os pronomes a elas referentes na *terceira* pessoa:

Esteja certo Vossa Excelência de que sempre procurei honrar *sua* confiança.

Na expectativa de *seu* comparecimento, apresentamos a Vossa Senhoria nossas atenciosas saudações.

Vossa Excelência e *sua* comitiva *serão* nossos convidados de honra.

Dirijo-me a Vossa Excelência, Senhor Ministro, a fim de informá-*lo* do ocorrido.

3.4 – Grafia (por extenso ou abreviada) das formas de tratamento

Por questão de respeito, não se deve abreviar a forma de tratamento em correspondência dirigida ao Presidente da República:

Tenho a honra de submeter a Vossa Excelência o incluso anteprojeto de . . . . .

Em relação aos demais destinatários (autoridades e particulares em geral), não há normas rígidas sobre o assunto. O que existe são apenas normas e recomendações internas de certos órgãos. A forma por extenso demonstra maior respeito e deferência, sendo, pois, recomendável em correspondência externa mais formal ou cerimoniosa. Como diz Odacir Beltrão (*Correspondência*, p. 65), "... qualquer pronome ou expressão de tratamento pode ser grafado por extenso em sinal de consideração, distinção ou respeito, seja ou não o destinatário pessoa altamente situada na política, religião, sociedade ou no mundo dos negócios". E conclui: "É uma questão pessoal, de bom-tom".

Na correspondência interna e na externa mais informal, nada impede que se abrevie a forma de tratamento. Na correspondência interna informal, isto é, aquela trocada, sobre assuntos de rotina, entre chefes de seções, chega-se, inclusive, a omitir as formas de tratamento, substituindo-as pelos pronomes pessoais oblíquos da terceira pessoa:

Comunico-*lhe* que . . . . ;

Encaminhamos-*lhes* . . . . .

3.5 – Tratamento e variações pronominais

Alguns autores desrecomendam o uso, no corpo da correspondência, dos pronomes possessivos (seu, sua) e das formas pessoais oblíquas (o, lhe) em substituição às formas de tratamento. Outros, no entanto, não veem nenhum inconveniente no emprego desses pronomes com a finalidade de evitar a repetição das formas de tratamento. O aconselhável parece ser que se empreguem as formas de tratamento na introdução e no fecho, usando-se, no corpo da correspondência, sempre que se fizerem necessárias, as formas pronominais *seu, sua, o* e *lhe.* "Não há necessidade de repetir a todo instante a expressão de tratamento – V. Exª, V. Sª, etc. Basta empregá-la na introdução e no fecho. Os pronomes *o, lhe, seu,* etc. não indicam nenhum desrespeito." (Joaquim Antônio de Vasconcelos – *Como redigir documentos e atos oficiais,* p. 45.)

3.6 – Tratamento e sexo

Na correspondência oficial, as formas de tratamento são empregadas em razão da hierarquia do cargo, função ou posto do destinatário. Dessa forma, mesmo em relação às mulheres deve ser mantida a graduação dessas formas, na correspondência expedida em objeto de serviço. Assim, por exemplo, tanto o Diretor como a Diretora de um estabelecimento de ensino serão tratados por *Vossa Senhoria.*

3.7 – Singular ou plural?

Numa comunicação oficial (ofício, memorando, etc.), quando quem a subscreve representa o órgão em que exerce suas funções, será preferível o emprego da primeira pessoa do plural:

Comunicamos a Vossa Senhoria . . . . .

Temos a honra de convidar Vossa Excelência para . . . . .

Encaminhamos a Vossa Senhoria, em anexo, ...

Quando o ato contiver, no entanto, assunto de responsabilidade exclusiva e pessoal de quem o assina, aí, então, caberá o emprego da primeira pessoa do *singular:*

Atesto, para fins de . . . . .

Em cumprimento ao despacho . . . . ., *certifico* que . . . . .

3.8 – Colendo

Colendo, que significa *respeitável, venerando*, é tratamento conferido, no Poder Judiciário, aos órgãos fracionários de um tribunal (câmaras, turmas, etc.):

A Sua Excelência o Senhor Fulano de Tal,

(Digníssimo) Desembargador-Presidente da Colenda 1ª Câmara Cível do Egrégio Tribunal de Justiça do Estado do Rio Grande do Sul.

Excelentíssimo Senhor Fulano de Tal,

(Digníssimo) Juiz-Presidente da Colenda Sexta Turma do Egrégio Tribunal Regional Federal da Quarta Região.

Nota – *Colendo* significa, literalmente: que deve ser cultivado, honrado, respeitado, venerado (do latim *cōlere:* cultivar, respeitar, venerar, mostrar deferência, consideração).

3.9 – Egrégio

Egrégio, que significa *notável, distinto, eminente, insigne*, é tratamento dispensado, no Poder Judiciário, ao tribunal como instituição:

A Sua Excelência o Senhor Fulano de Tal,

(Digníssimo) Presidente do Egrégio Tribunal Superior de Justiça.

Excelentíssimo Senhor Fulano de Tal,

(Digníssimo) Presidente do Egrégio Tribunal Superior do Trabalho.

Nota – *Egrégio* significa, literalmente: que sobressai ao rebanho, à grei; escolhido do rebanho, da grei (do latim *e grege*) *Egregiae* quer dizer escolhidas do rebanho.

Ao adjetivo triforme *egregius*, *-a*, *-um* os dicionários atribuem os significados de insigne, distinto, eminente, notável e outros assemelhados.

3.10 – Excelso

Excelso significa *alto, elevado, sublime*. Aplica-se, como tratamento, ao Supremo Tribunal Federal, e também ao Tribunal Superior de Justiça, na expressão *Pretório Excelso*. Até o fim do Império (com a proclamação da República em 1889), o Supremo Tribunal Federal recebia o título de *Supremo Tribunal de Justiça*. Os juristas também empregam, como sinônimos de *Pretório Excelso*, as denominações *Suprema Corte*, *Corte Maior* e outras mais, inteiramente dispensáveis, ou mesmo inadequados, tais como *Suprema Corte*, que é a denominação consagrada da Constituição dos Estados Unidos da América, em cujo artigo III, Seção 1, por exemplo, a locução aparece duas vezes).

Notas

1ª – *Pretório*, em latim *praetorium*, *-ii*, na antiga Roma era a tenda de um general em campanha, e também o tribunal ou residência do pretor (magistrado da antiga Roma encarregado da administração da justiça ou do governo de uma província.

2ª – *Excelso*, do adjetivo triforme latino *excelsus*, *-a*, *-um*, significa elevado, e, por extensão, nobre, sublime, poderoso.

3.11 – Títulos profissionais e honoríficos

3.11.1 – Dom

Trata-se de título honorífico aplicável aos membros da família imperial, aos reis e príncipes, aos monges beneditinos e aos dignitários do Clero a partir dos bispos: D. Pedro, D. Bernardo, Dom Vicente, Dom Francisco. Em Portugal e Espanha, precede o nome próprio de rainhas, de mulheres nobres, escrito ordinariamente com a abreviatura *D.: ... a rainha D. Leonor*. Com inicial maiúscula, é forma de tratamento respeitoso que precede o nome próprio de senhoras, de mulheres casadas, podendo ser, por sua vez, precedido de Senhora, abreviado ou não, o que o torna mais cerimonioso: Desejo falar com a Senhora D. Mercedes. A D. Mafalda é minha madrinha de batismo. *Dona de casa* é a mulher na condição de administradora e responsável pela manutenção da economia doméstica.

No feminino (Dona, Dª), aplica-se, todavia, a senhoras de qualquer classe social:

Dª Helena, Dona Mercedes: Faz-me falta uma boa dona de casa.

Nota – Os dados acima baseiam-se, em parte, no *Dicionário da língua portuguesa contemporânea*, I volume, da Academia das Ciências de Lisboa (dados bibliográficos completos no final deste livro).

3.11.2 – Doutor

É título de uso bastante generalizado no Brasil e em Portugal.

"Recebem-no não só os médicos e os que defenderam tese de doutorado, mas, indiscriminadamente, todos os diplomados por escolas superiores." (Celso Cunha e Luís F. Lindley Cintra – *Nova gramática do português contemporâneo*, p. 286)

"Acrescente-se que *doutor* não é forma de tratamento, e sim título acadêmico. Não deve ser usado indiscriminadamente. Seu emprego deve restringir-se apenas às comunicações dirigidas a pessoas que tenham tal grau por terem concluído curso universitário de doutorado. Nos demais casos, o tratamento *Senhor* confere a desejada formalidade às comunicações." (*Instrução Normativa nº 4*, de 6 de março de 1992, do Secretário da Administração Federal)

Conclui-se, dos dois textos transcritos, que há duas situações a considerar no uso do título de *doutor:* uma, no universo amplo do convívio social, em que se aplica, indistintamente, a todos os diplomados por escolas superiores; outra, no campo restrito das comunicações oficiais, em que deve ser reservado às pessoas que concluíram curso universitário de doutorado. É uma solução "salomonicamente" racional.

Notas

1ª – O *manual de redação da presidência da república* registra que [...] doutor não é forma de tratamento, e sim título acadêmico. Evite usá-lo indiscriminadamente. Como regra geral, empregue-o apenas em comunicações dirigidas a pessoas que tenham tal grau por terem concluído curso universitário de doutorado. É costume designar-se por doutor os bacharéis,especialmente os bacharéis em Direito e Medicina.Nos demais casos, o tratamento Senhor confere a desejada formalidade `as comunicações.

2ª – Em algumas instituições de ensino – brasileiras e de outros países) – os graus de doutor são classificados em diferentes categorias de mérito. Na Alemanha, por exemplo, são designados em latim, (com tradução em alemão, entre parênteses), por: ***rite*** (*befriedigend*); ***cum laude*** (*gut*); ***magna cum laude*** *(sehr gut); e* ***summa cum laude*** *(ausgezeichnet*). Em português, respectivamente: "satisfatório", "bom", "muito bom" e "excelente". (fonte-base: http://pt.wikipédia.org.wiki/Doutor)

3ª – No Brasil, os advogados são chamados popularmente como *doutores*, mesmo os que não defenderam tese de doutorado.

4ª – O termo *doutor* origina-se do substantivo latino *doctor, -oris* = mestre, o que ensina), que, por sua vez, é oriundo do verbo *doceo*, *-es*, *-ui*, *-doctum*, *-ēre*, com os significados de: fazer aprender, ensinar, instruir e, em particular, fazer repetir.

3.11.3 – Emérito

O termo origina-se do adjetivo latino *emeritus, -a, -um,* forma do particípio perfeito do verbo *emereo, emerēre,* que significa merecer, ganhar, tornar agradecido, acabar de prestar o serviço militar.

Na Roma antiga, designava o soldado que terminava o seu tempo de serviço, recebendo recompensa devida aos seus méritos.

No ensino superior, designa o título universitário que se confere, no momento da aposentadoria, por exemplo, a quem se distinguiu em determinada ciência. Por extensão, aplica-se à pessoa que se retirou de um emprego ou cargo e desfruta de algum prêmio por seus bons serviços; ao profissional que, estando aposentado, goza das honras e regalias do seu título; que é de grande competência; que é muito versado numa ciência ou arte, que tem longa prática de uma profissão; que tem as honras de um cargo sem, contudo, exercê-lo. Emérito tem, ainda, os sinônimos de honorário, jubilado; e, também, eminente, ilustre, insigne, notável, etc.

4 – Abreviações

A abreviação funda-se na lei do menor esforço;
visa à economia de tempo e espaço.
Joaquim A. de Vasconcelos

4.1 – Conceito

"A *abreviação* é parte da palavra escrita que indica ou resume a palavra toda ou são letras ou sinais que representam uma ou mais palavras." (Odacir Beltrão – *Correspondência*)

4.2 – Formação

Há diversas formas de se abreviarem palavras ou expressões:

a) Com a letra inicial da palavra ou de cada elemento da locução:

A. (autor); E. (editor); S. A. ou S/A (Sociedade Anônima); E. M. (em mão, em mãos); ITA (Instituto Tecnológico da Aeronáutica).

b) Com as primeiras letras da palavra:

ap. ou apart. (apartamento); dec. (decreto); gen. (general).

c) Com as letras iniciais de sílabas (alternadas ou consecutivas), às vezes acrescidas da terminação ou desinência da palavra:

cx. (cai-xa); dz. (dú-zia); Lt.da, ou Ltda. (Li-mi-ta-da).

d) Com a(s) primeira(s) e a(s) última(s) letra(s) da palavra:

Sr. (Senhor); Dr. (Doutor); Exmo, ou /Exmo. (Excelentíssimo).

e) Mediante letras ou sinais convencionados:

km (quilômetro); S (enxofre – "sulphur"); & (*e* comercial); § (parágrafo).

f) Mediante formas siglares especiais, constituídas de partes de locuções ou compostos, de modo a constituírem um conjunto eufônico, isto é, bem-soante. Trata-se de siglas impróprias, já que não se enquadram exatamente no conceito desse tipo de abreviação:

CONTRAN (Conselho Nacional de Trânsito); SERPRO (Serviço Federal de Processamento de Dados).

Nota – Às vezes se abreviam palavras ou expressões mediante a redução de uma parte ou a supressão de um elemento. Trata-se, na verdade, de *forma reduzida* ou *redução morfológica* (não de abreviação): foto (fotografia); moto (motocicleta); quilo (quilograma); postal (cartão-postal); Minas (Minas Gerais); míni: minissaia.

4.3 – Divisão

A palavra *abreviação*, como se vê pelos exemplos dados, designa, de forma genérica, a *abreviatura*, a *sigla* e o *símbolo*.

4.3.1 – Abreviatura

Abreviatura é a representação reduzida de uma palavra, por meio da letra inicial, das letras ou sílabas iniciais ou de letras iniciais, médias ou finais.

A abreviatura caracteriza-se pelo ponto abreviativo (às vezes, principalmente no estilo comercial, substituído por uma linha diagonal), pela inicial maiúscula (se for o caso), a flexão (gênero, número e grau) e a acentuação (quando a vogal acentuada entra na abreviatura):

lég., légs. (légua, léguas); S. A. ou S/A (Sociedade Anônima); c/c (conta-corrente); N/C (Nesta Capital ou Nesta Cidade); D., DD. (Digno, Digníssimo – flexão de grau por duplicação de letra); A., AA. (autor, autores – flexão de número por duplicação de letra).

Nota – Caso não exista abreviatura oficial, podemos criar uma, a nosso critério, observando, todavia, os seguintes princípios gerais:

1º – não podem terminar ao fim de uma sílaba, mas sempre devem dar uma ou mais letras da sílaba seguinte;

2º – não podem terminar por vogal;

3º – devem ser pontuadas ao seu termo." (E. Álvares Cardoso – *Regras da ortografia oficial*)

4.3.2 – Sigla

Sigla é o conjunto das iniciais dos nomes próprios, principalmente de locuções substantivas próprias.

A sigla caracteriza-se pelas letras maiúsculas (já que são iniciais de nomes próprios) e a ausência do ponto abreviativo. Pode ser pluralizada, mediante o acréscimo, ao final, de um "s" minúsculo ou pela duplicação das letras que a compõem:

APAE, APAEs (Associação dos Pais e Amigos dos Excepcionais – Associações...); GE, GG EE (Grupo Escolar – Grupos...); EE UU (Estados Unidos); CDL,CDLs, (Clube de Diretores Lojistas – Clubes...); IBM ("International Business Machines"); CIPA, CIPAs (Comissão Interna de Prevenção de Acidentes – Comissões...).

Notas

1ª – Também existem as *siglas por extensão* (siglas impróprias), que, por fugirem aos princípios gerais de formação, constituem verdadeiras aglomerações de palavras. Não representam apenas as iniciais de uma locução substantiva própria (uma das características da verdadeira sigla), mas partes de elementos dessa locução, congregadas de modo a formarem um conjunto eufônico: ABRACE (*A*ssociação *Bra*sileira de *C*omputadores *E*letrônicos); COBAL (*Co*mpanhia *B*rasileira de *Al*imentação); DENTEL (*De*partamento *N*acional de *Tel*ecomunicações); SUSEP (*Su*perintendência de *Se*guros *P*rivados).

2ª – É pertinente esta observação contida no *Manual de redação dos deputados*, p. 220:

3. Com sigla empregada no plural, admite-se o uso de *s* (minúsculo) de plural, *sem apóstrofo*; os TREs (Tribunais Regionais Eleitorais), 300 UPCs , 850 Ufirs (não: TER's, Ufir's).

Esta regra não se aplica a sigla terminada com a letra *s*, caso em que o plural é definido pelo artigo: os DVS (Destaques para Votação em Separado).

4.3.3 – Símbolo

Símbolo é a letra ou sinal representativo de uma palavra ou expressão.

O símbolo caracteriza-se por não levar ponto abreviativo e por não admitir pluralização (serve para o singular e o plural):

m (metro, metros); h (hora, horas); & (*e* comercial); H (hidrogênio); Hg (mercúrio – "hidrargirium"); km (quilômetro, quilômetros).

4.4 – Uso apropriado das siglas

Atualmente está muito vulgarizado o emprego de siglas. Em jornais, livros, revistas e nos mais diversos documentos, elas aparecem em grande quantidade, constituindo-se num fenômeno linguístico digno de estudo. Muitas instituições, inclusive, públicas e particulares, científicas, culturais, políticas ou militares, nacionais ou estrangeiras, são mais conhecidas pelas siglas respectivas do que por suas denominações completas:

CPOR (Centro de Preparação de Oficiais da Reserva); FBI ("Federal Bureau of Investigation"); IBOPE (Instituto Brasileiro de Opinião Pública e Estatística).

Tal é a difusão de certas siglas, que já assumiram caráter de palavras primitivas, servindo, dessa forma, para a formação de derivados, alguns já de largo uso:

pedessista (PDS – Partido Democrático Social); peemedebista (PMDB – Partido do Movimento Democrático Brasileiro); celetista (CLT – Consolidação das Leis do Trabalho.

As siglas são, na realidade, um artifício mecânico de expressão. Sua criação vem ao encontro da economia de tempo e espaço para os que lidam com a palavra escrita. Nesse sentido, é inegável sua utilidade. Seu

emprego, todavia, deve obedecer a certos critérios, para que não percam sua finalidade de facilitar, passando, isto sim, a dificultar a compreensão do escrito em que se encontram inseridas.

Assim, é conveniente, no momento de empregar uma sigla, considerar se ela é conhecida dos leitores a quem se dirige a comunicação. Em outras palavras, é necessário considerar se a sigla não precisa de tradução para ser compreendida. Há siglas que são de domínio público, sendo conhecidas de qualquer leitor de cultura mediana. Essas, é claro, não carecem de tradução. Outras, no entanto, são de uso mais restrito, o que torna necessária a indicação de seu significado aos leitores.

O valor significativo da sigla, por outro lado, depende do círculo de leitores a quem se deseja escrever. Quanto mais amplo tal círculo de leitores, mais se impõe a tradução da sigla. Se a comunicação, no entanto, é destinada a um grupo restrito ou especializado de leitores, a obrigação de traduzir a sigla é menor, já que se supõe conhecida sua significação.

Para introduzir, nas comunicações, uma sigla nova, deve-se proceder da seguinte forma: escrever primeiro por extenso a locução ou expressão e, entre parênteses ou após travessão, a sigla correspondente. Nas vezes seguintes, num mesmo documento, usar-se-á apenas a sigla.

4.5 – Exemplos de abreviações

Nota preliminar – Muitas das abreviaturas oficiais não são adequadamente executáveis no teclado do computador, nem no singular nem no plural, ou sua digitação exige mais de um recurso gráfico. É o que ocorre, por exemplo, com as abreviaturas de *Excelentíssimo*, quer no singular (Exmo), quer no plural (Ex.^{mos}), *Vossa Excelência* (V. Ex.ª, V. Ex.^{as}), Limitada (Lt.^{da}), Dr.^{a} (Dr.^{as}), etc. Trata-se, na verdade, de abreviaturas que lembram a época da grafia a mão.

Em razão das dificuldades apontadas, na relação de abreviaturas que apresentamos a seguir, algumas aparecem repetidas: a primeira é a oficial, e a segunda (entre parênteses) é a forma racional, isto é, adaptada ao teclado do computador. É de notar que as formas que apresentamos entre parênteses são largamente usadas em escritórios e repartições, já que atendem a um critério de racionalização gráfica. Deve ser lembrado, também, que muitas das abreviações adotadas pela Academia Brasileira de Letras, em 1943, foram alteradas por documentos legais posteriores, entre os quais avulta o Decreto n. 81.621, de 3 de maio de 1978, sobre *unidades de medida*.

4.5.1 – Abreviaturas gerais

A., AA. = autor, autores

(a), (aa) = assinado, assinados

ac. = acórdão

a. c. = do corrente ano

A. C. = no ano de Cristo, na era cristã

a. C. = antes de Cristo

A/C = ao(s) cuidado(s)

alv. = alvará

al., als. = alínea, alíneas

a. m. = antes do meio-dia

ap. = apostila, aprovado, "apud" (em)

ap. ou apart. = apartamento

Arit. = Aritmética

art., arts. = artigo, artigos

ass. = assembleia, associação

at. = atestado

at.te = atenciosamente

Av. = avenida (toponimicamente)

B. = beco (toponimicamente)

bibl. = bibliografia, bibliográfico, biblioteca

cap., caps. = capítulo, capítulos

cat. = catálogo

cfe. ou conf. = conforme

C.ia ou Cia. = companhia (comercial ou militarmente)

circ. = circular

cl. = classe(s)

col., cols. = coluna, colunas; colaborador, colaboradores

com. = comunicação

cp. = compare

d. C. ou D. C. = depois de Cristo

dec. = decreto

dep. = departamento(s)

desc. = desconto

desp. = despesa

dipl. = diploma

div. = divisão, divisões

doc., docs. = documento, documentos

dz. = dúzia(s)

E., EE. = editor, editores

ed. = edição

e. g. = "exempli gratia" (lat. = por exemplo)

el. = elemento(s)

E. M. ou E/M = em mão(s)

est. = estante(s); estrofe(s)

ex. = exemplo(s); exemplar(es)

excl. = exclusive; excluído, excluída

fasc. = fascículo(s)

fl., fls. = folha, folhas

Nota – Há pessoas que empregam apenas a forma *fls.*, mesmo que se trate de somente *uma* folha. Isso, é claro, constitui erro, devendo-se usar *fl.* para o singular, deixando-se a forma *fls.* para os casos em que se faz menção a *mais de uma* folha. Exs.:

Segundo se lê na *fl.* 4; Veja o que consta na *fl.* 28; Conforme se lê nas *fls.* 9 e 10; Segundo consta nas *fls.* 14 a 26.

gên. = gênero(s)

gr., grs. = grosa, grosas

hab. = habitante(s)

H. P. = "horse-power" (cavalo-vapor)

ib. ou ibid. = "ibidem" (no mesmo lugar)

id. = "idem" (o mesmo)

i. e. = "id est" (isto é)

i. é = isto é

inf. = informação; inferior

L. = largo (toponimicamente)

lég., légs. = légua, léguas

loc. cit. = "loco citato" (no lugar citado)

Lt.^{da} (Ltda.) = Limitada (comercialmente)

N. B. = "nota bene" (nota bem)

ob. = obra(s)

obs. = observação, observações

of. = ofício

p. ou pág., pp. ou págs. = página, páginas

pal. = palavra(s)

par. = parecer

pc. = pacote(s)

pç. = peça(s)

P. E. F. = por especial favor

P. E. O. = por especial obséquio

p. ex. = por exemplo

pg. = pago (adjetivo); pagou (forma verbal)

pg.^{to} (pgto.) = pagamento

port. = portaria

p. m. = depois do meio-dia

p. p. = por procuração; próximo passado

pq. = porque

Pq. = parque (toponimicamente)

probl. = problema(s)

proc. = processo; procuração

P. S. = "post scriptum" (depois de escrito, pós-escrito)

R. = rua (toponimicamente); reprovado (classificação escolar); réu (em linguagem forense)

rec. = receita

reg. = regimento; regular

rel. = relatório

Rem.^{te} (Remte.) = remetente

res. = resolução

S. A. ou S/A = sociedade anônima

sc. = "scilicet" (a saber, quer dizer);

saco (comercialmente)

s. d. = sem data

seç. = seção

seg., segs., ss. = seguinte, seguintes

S. E. O. = salvo erro ou omissão

S. M. J., ou s. m. j. = salvo melhor juízo

S. P. = serviço público

T. ou Trav. = travessa (toponimicamente)

tb. = também

tel. = telefone

test. = testemunha

trim. = trimestre(s)

v. = veja

V.^{a} (Va.) = viúva

v. g. = "*verbi gratia*" (por exemplo)

vol., vols. = volume, volumes

X. P. T. O. = Cristo. Esta abreviatura medieval designa, hoje, *coisa* ou *qualidade excelente.*

X. Y. Z. = abreviatura com que se encobre um nome (como assinatura, etc.)

4.5.2 – Abreviaturas de títulos, postos e formas de tratamento

alm. = almirante

arc.^{o} (arco.) = arcebispo

B.^{el} (Bel.), B.^{éis} (Béis.) = Bacharel, Bacharéis

b.^{po} (bpo.) = bispo

c.-alm. = contra-almirante

cap. = capitão

card. = cardeal

c.^{el} (cel.) = coronel

com. = comandante; comendador

côn. = cônego

cons. = conselheiro

D. = digno; Dom ou Dona

DD. = Digníssimo

Dr., Drs. = Doutor, Doutores

Dr.^{a} (Dra.), Dr.^{as} (Dras.) = Doutora, Doutoras

emb. = embaixador

Em.^{mo} (Emmo.) = Eminentíssimo

eng.^{o} (engo.) = engenheiro

Exmo (Exmo.) = Excelentíssimo

gen., g.^{al} (gal.) = general

Il.^{mo} (Ilmo.) = Ilustríssimo

L.^{do} (Ldo.) = Licenciado

maj. = major

mar., m.^{al} (mal.) = marechal

M.^{a}, = mestra

M.e = mestre

M. D. = Mui(to) Digno

méd. = médico

MM. = Meritíssimo

Mons. = Monsenhor

N. S. = Nosso Senhor

N. S.^{a} (N. Sa.) = Nossa Senhora

P. ou P.^{e} (Pe.) = Padre

Pár.^{o} (Páro.) = Pároco

pres. = presidente

proc. = procurador

prof., profs. = professor, professores

prof.^{a} (profa.), prof.^{as} (profas.) = professora, professoras

Rev. ou Rev.^{do} (Revdo.) = Reverendo

Rev.^{mo} (Revmo.) = Reverendíssimo

S. P. = Santo Padre

Sr., Srs. = Senhor, Senhores

Sr.^{a}, (Sra.), Sras (Sras.) = Senhora, Senhoras

Sr.^{ta} (Srta.), Sr.^{tas} (Srtas.) = Senhorita, Senhoritas

ten. ou t.^{te} (tte.) = tenente

V. Em.^{a} (V. Ema.), V. Em.^{as} (V. Emas.), S. Em.^{a} (S. Ema.), S. Em.^{as} (S. Emas.) = Vossa Eminência, Vossas Eminências, Sua Eminência, Suas Eminências

V. Ex.ª (V. Exa.), V. Ex.^{as} (V. Exas.), S. Ex.ª (S. Exa.), S. Ex.^{as} (S. Exas.) = Vossa Excelência, Vossas Excelências, Sua Excelência, Suas Excelências

V. Ex.ª Rev.^{ma} (V. Exa. Revma.), V. Ex.^{as} Rev.^{mas} (V. Exas. Revmas.), S. Ex.ª Rev.^{ma} (S. Exa. Revma.), S. Ex.^{as} Rev.^{mas} (S. Exas. Revmas.) = Vossa Excelência Reverendíssima, Vossas Excelências Reverendíssimas, Sua Excelência Reverendíssima, Suas Excelências Reverendíssimas

V. Rev.^{a} (V. Reva.), V. Rev.^{as} (V. Revas.), S. Rev.^{a} (S. Reva.), S. Rev.^{as} (S. Revas.) = Vossa Reverência, Vossas Reverências, Sua Reverência, Suas Reverências

V. Rev.^{ma} (V. Revma.), V. Rev.^{mas} (V. Revmas.), S. Rev.^{ma} (S. Revma.), S. Rev.^{mas} (S. Revmas.) = Vossa Reverendíssima, Vossas Reverendíssimas, Sua Reverendíssima, Suas Reverendíssimas

V. S., S. S. = Vossa Santidade, Sua Santidade

V. S.^{a} (V. Sa.), V. S.^{as} (V. Sas.), S. S.^{a} (S. Sa.), S. S.^{as} (S. Sas.) = Vossa Senhoria, Vossas Senhorias, Sua Senhoria, Suas Senhorias

4.5.3 – Abreviaturas dos meses (segundo a ABNT)

jan. = janeiro	jul. = julho
fev. = fevereiro	ago. = agosto
mar. = março	set. = setembro
abr. = abril	out. = outubro
maio = maio	nov. = novembro
jun. = junho	dez. = dezembro

Nota – Segundo a ABNT, não se abreviam os meses designados por palavras de 4 ou menos letras. O VOLP/09, todavia, registra a forma *mai.*

4.5.4 – Siglas das unidades federais

DF = Distrito Federal

Estados

AC = Acre	PB = Paraíba
AL = Alagoas	PE = Pernambuco
AM = Amazonas	PI = Piauí
AP = Amapá	PR = Paraná
BA = Bahia	RJ = Rio de Janeiro
CE = Ceará	RN = Rio Grande do Norte
ES = Espírito Santo	RO = Rondônia
GO = Goiás	RR = Roraima
MA= Maranhão	RS = Rio Grande do Sul
MG = Minas Gerais	SC = Santa Catarina
MS = Mato Grosso do Sul	SE = Sergipe
MT = Mato Grosso	SP = São Paulo
PA = Pará	TO =Tocantins

Nota – Atualmente, não há mais Territórios Federais no Brasil.

4.5.5 – Siglas usuais

ABI = Associação Brasileira de Imprensa

ABNT = Associação Brasileira de Normas Técnicas

ACT = Acordo Coletivo de Trabalho

ANDES = Associação Nacional dos Docentes do Ensino Superior

AVC = Acidente Vascular Cerebral

BBC = "British Broadcasting Corporation"

BID = Banco Interamericano de Desenvolvimento

CAPES = Campanha Nacional de Aperfeiçoamento do Pessoal de Nível Superior

CAT – Comunicação de Acidente de Trabalho

CDU = Classificação Decimal Universal

CFE = Conselho Federal de Educação

CGC = Cadastro Geral de Contribuintes

CIBRAZEM = Companhia Brasileira de Armazenamento

CIPA = Comissão Interna de Prevenção de Acidentes

CNBB = Conferência Nacional dos Bispos do Brasil

CNJ = Conselho Nacional de Justiça

CPI = Comissão Parlamentar de Inquérito

CPOR = Centro de Preparação de Oficiais da Reserva

CTPS = Carteira de Trabalho e Previdência Social

DNER = Departamento Nacional de Estradas de Rodagem

DOU = Diário Oficial da União

DOPS = Departamento de Ordem Política e Social

DST = Doença Sexualmente Transmissível

EMFA = Estado-Maior das Forças Armadas

FAO = "Food and Agricultural Organization" (Organização da Alimentação e Agricultura)

FBI = "Federal Bureau of Investigation" (Serviço Federal de Investigação)

FGTS = Fundo de Garantia por Tempo de Serviço

FIFA = "Fédération Internationale de Foot-Ball Association" (Federação Internacional de Futebol)

FINAME = Fundo de Financiamento para Aquisição de Máquinas e Equipamentos Industriais

FIPEME = Financiamento para as Pequenas e Médias Empresas

FMI = Fundo Monetário Internacional

HIV = "human immunodeficiency virus" = vírus da imunodeficiência humana

IBM = "International Business Machines"

IBGE = Instituto Brasileiro de Geografia e Estatística

IBOPE = Instituto Brasileiro de Opinião Pública e Estatística

ICMS = Imposto sobre Circulação de Mercadorias e Serviços

IDORT = Instituto de Organização Racional do Trabalho

LER = Lesão de Esforço Repetitivo

IPM = Inquérito Policial-Militar

INPM = Instituto Nacional de Pesos e Medidas

MAM = Museu de Arte Moderna

MCE = Mercado Comum Europeu

NASA = "National Aeronautics and Space Administration" (Administração Nacional de Aeronáutica e Espaço)

OMS = Organização Mundial da Saúde

PERT = "Program Evaluation and Review Technique" (Técnica de Avaliação e Revisão de Projetos)

PPP = Parceria Público-Privada; pl.: PPPs

SENAC = Serviço Nacional de Aprendizagem Comercial

SENAI = Serviço Nacional de Aprendizagem Industrial

SESI = Serviço Social da Indústria

SESC = Serviço Social do Comércio

RADAR = "Radio Detection and Ranging" (Localizador e Determinador de Distância pelo Rádio)

SUDENE = Superintendência de Desenvolvimento do Nordeste

SUSEP = Superintendência de Seguros Privados

TAC = Termo de Ajustamento de Conduta

UNESCO = "United Nations Educational, Scientific and Cultural Organization" (Organização Educacional, Científica e Cultural das Nações Unidas)

UNICEF = "United Nations International Children's Emergency Fund" (Fundo Internacional de Emergência das Nações Unidas em prol da Criança)

USAID = "United States Agency for International Developement" (Agência Norte-Americana para o Desenvolvimento Internacional)

4.5.6 – Símbolos das unidades de medida[1]

Grandezas	**Nomes**	**Símbolos**
Comprimento	milímetro	mm
	centímetro	cm
	metro	m
	quilômetro	km
Área	metro quadrado	m^2
	hectare	ha
volume	litro	l ou L
	centímetro cúbico	cm^3
	metro cúbico	m^3

[1] Sistema Internacional de Medidas – SI; Decreto n. 81.621-78, de 3-5-78; CONMETRO, Resolução n. 12-1988.

Grandezas	Nomes	Símbolos
massa	grama	g
	quilograma	kg
	tonelada	t
Tempo	segundo	s
	minuto	min
	hora	h
	dia	d
Frequência	hertz	Hz
Velocidade	metro por segundo	m/s
Vazão	metro cúbico por segundo	m^3/s
Fluxo (de massa)	quilograma por segundo	kg/s
Força	newton	N
Energia	joule	J
Potência	watt	W
	cavalo-vapor	cv
nível de potência	bel	B
Intensidade de corrente	ampère	A
Quantidade de eletricidade	coulo	mbC
Tensão elétrica	volt	V
Fluxo magnético	weber	Wb
Ângulo plano	grau	°
	minuto	’
	segundo	”
Temperatura Celsius	grau Celsius	°C

Nota – Não deve ser esquecido que os símbolos das unidades de medida não admitem ponto abreviativo nem podem ser seguidos de *s* quando se trata de plural: 11h (11 horas), 36km (36 quilômetros), 300t (trezentas toneladas), etc.

5 – Expressões e vocábulos latinos de uso frequente nas comunicações administrativas oficiais

Ab aeterno: desde muito tempo; literalmente: desde a eternidade

Ab initio: desde o princípio.

Ab intestato: sem (deixar) testamento.

Ab origine: desde a origem, desde os primórdios.

Absente reo: na ausência do réu; estando o réu ausente.

Absolvere nocentem satius est quam condemnare innocentem: é preferível absolver um criminoso a condenar um inocente.

Abusus non tollit usum: o abuso não suprime o uso. O abuso que se pode fazer de uma coisa não deve obrigar necessariamente a abster-se dela.

A contrario sensu: em sentido contrário, pela razão contrária.

Actor et reus idem esse nemo potest: ninguém pode ser, ao mesm tempo, autor e réu.

Ad arbitrium: à escolha, à vontade, arbitrariamente.

Ad hoc: a isto, para isto, para o caso, eventualmente. Diz-se especialmente em relação à pessoa que, de modo eventual, exerce função transitória. Escolheram-no para secretário "ad hoc".

Ad instar: à maneira de, à semelhança de.

Ad impossibilia nemo tenetur: ninguém é obrigado ao impossível.

Ad iudicia: para o juízo. Cláusula "ad iudicia": cláusula que autoriza o mandatário a praticar todos os atos do processo, dispensada a menção especial dos poderes pertinentes a esse mister, salvo os que concernem a atos para cuja prática se exigem poderes especiais e expressos.

Ad libitum: à escolha, à vontade, livremente. Usa-se para dizer que determinado ato pode ser praticado à vontade, livremente, a critério do interessado.

Ad litteram: literalmente

Ad nutum: segundo a vontade, ao arbítrio. Diz--se da demissibilidade do funcionário público que depende só da vontade do Governo ou do agente da Administração, sem precedência de causa justificada. Indica, pois, o ato que pode ser revogado pela vontade de uma só pessoa.

Ad perpetuam rei memoriam: para a perpétua lembrança da coisa, do fato. Emprega-se, na linguagem forense, para indicar as diligências requeridas e promovidas com o caráter de perpetuidade, quando ocorrem receios de que as provas a serem colhidas ou anotadas possam desaparecer. Requereu uma vistoria "ad perpetuam rei memoriam".

Ad quem: para quem. Diz-se do juiz ou tribunal para onde, em grau de recurso, se encaminha ou remete o processo que se achava em instância inferior.

Ad referendum: sob condição de referir a, pendente de aprovação. Diz--se do ato pendente de aprovação ou ratificação de outrem.

Ad valorem: segundo o valor, com relação ao valor. Diz-se dos direitos de alfândega estabelecidos, para os objetos importados, proporcionalmente ao valor desses objetos.

Affirmanti incumbit probatio: a pova incumbe àquele que afirma.

A limine: desde o limiar, desde o começo, sem maior exame.

Animus furandi: a intenção de furtar.

Animus iniuriandi: a intenção de injuriar.

Animus laedendi: a intenção de ferir, de ofender ou atacar.

Animus manendi: a intenção de ficar, permanecer. É a intenção demonstrada por alguém exprimindo o desejo de fixar definitivamente sua residência em determinado lugar.

Animus necandi: a intenção de matar.

A posteriori: pelo que segue, depois de um fato. Diz-se do raciocínio em que se remonta do efeito à causa. Argumentar "a posteriori": argumentar segundo as consequências de uma hipótese ou proposição.

A priori: segundo um princípio anterior, admitido como evidente; antes de argumentar, sem prévio conhecimento. Emprega-se para indicar as conclusões a que se chega, fundadas em hipóteses, isto é, sem a verificação das consequências ou resultados anteriores.

Apud: em, junto a, junto em. Emprega-se em citações *indiretas,* isto é, em citações colhidas numa obra, e não diretamente.

A quo: do qual, de quem. Emprega-se para designar o juiz de instância inferior ou aquele de onde procedeu a demanda, ou o ato que se discute em outro juízo. A expressão é usada também para assinalar o dia inicial ou o dia do começo de um prazo. Não existe a forma "a qua"

Audiatur et altera pars: ouça-se também a outra parte. Forma variante: *Audi et alteram partem*: Escuta também a outra parte.

Bona fide: de boa-fé.

Capitis diminutio: diminuição de categoria; perda dos direitos civis.

Causa mortis: a causa (determinante) da morte; por causa da morte. Diz-se do imposto que é pago sobre a importância líquida da herança, ou legado. Nos casos em que se quer dar a ideia de "por causa da morte", é preferível dizer *mortis causa.*

Cessante ratione legis, cessat lex: Quando acaba a razão da lei, acaba a lei

Condicio sine qua non: condição sem a qual não.

Curriculum vitae: carreira da vida (literalmente); conjunto de dados relativos ao estado civil, ao preparo profissional e às atividades anteriores de quem se candidata a um emprego. Plural: *curricula vitae.*

Data venia: concedida a licença, com a devida vênia. É uma expressão respeitosa com que se inicia uma argumentação discordante da de outrem.

De auditu: de ouvido, de ouvir dizer.

De cuius: aquele ou aquela de cujo ou de cuja. São as primeiras palavras da expressão "de cuius successione agitur" (aquele ou aquela de cuja sucessão se trata). Designa, assim, a pessoa falecida, o morto, o sucedido. As últimas vontades do "de cuius".

De facto: de fato, realmente, efetivamente.

Deficit: designa o excesso do passivo sobre o ativo, ou da despesa sobre a receita. Deriva do verbo "deficere": faltar, falhar.

De iure: de direito, por direito. Opõe-se a "de facto".

De plano: sem dificuldade, sem formalidade, imediatamente, sem inquérito prévio (em linguagem jurídica).

De visu: por tê-lo visto, de vista, com a vista. Falar de um acontecimento "de visu" (por tê-lo visto).

Dura lex, sed lex: a lei é dura, mas é lei. Máxima citada quando se alude a uma regra ou proibição severa, mas que é forçoso acatar.

Erga omnes: para com todos, perante todos. Diz-se do ato, lei ou decisão que a todos obriga, ou é oponível contra todos, ou tem efeito sobre todos.

Et caetera (etc.): e as outras coisas, e os outros, e assim por diante. Apesar de seu sentido etimológico (= e outras coisas), também se pode empregar após nomes de pessoas. Atualmente, passou a ser mera expressão continuativa, razão por que também *pode* ser precedida de vírgula, não obstante a presença da conjunção *e (et).*

Nota – A propósito, desde o *Pequeno vocabulário ortográfico da língua portuguesa de* 1943, até o *Vocabulário ortográfico da língua portuguesa de 2009*, *sempre* a locução abreviada *etc.* vem precedida de vírgula. Confira, a propósito, a 10. ed. rev. atual. e ampliada do livro *Habeas verba*: *português para juristas*, de Adalberto J. Kaspary.

Ex abrupto: violentamente, subitamente, sem preparação.

Ex aequo: com igual mérito, com a mesma nota. Os dois candidatos obtiveram o primeiro lugar "ex aequo".

Ex cathedra: de cátedra, do alto da cadeira, em função do próprio cargo, com autoridade. O Papa falou "ex cathedra", isto é, como chefe da Igreja Católica Apostólica Romana..

Exempli gratia (abreviadamente *e. g.):* por exemplo. É expressão sinônima de outra também muito usada: *verbi gratia* (abreviadamente *v. g.).*

Ex iure: segundo o direito.

Ex. lege: de acordo com a lei, de conformidade com a lei.

Ex nunc: de agora em diante, sem efeito retroativo.

Ex officio: de ofício, isto é, por dever do cargo, oficialmente, por lei. Diz-se do ato oficial realizado sem a provocação das partes. Medida tomada no serviço público segundo a rotina.

Ex professo: como quem conhece a fundo, como professor, magistralmente, com toda a perfeição.

Ex tunc: desde então, isto é, com efeito retroativo.

Ex vi: por força de, por efeito de.

Ex vi legis: por força de lei, em virtude de lei.

Grosso modo: por alto, resumidamente, sumariamente.

Habeas corpus: que tenhas o corpo (subentende-se *ad subiiciendum)* para apresentá-lo ao tribunal. Meio extraordinário de garantir e proteger, com presteza, todo aquele que sofre violência ou ameaça de constrangimento ilegal na sua liberdade de locomoção, por parte de qualquer autoridade legítima.

Habeas data: expressão latina que significa, literalmente, *(que) tenha(s) os dados, (que) conheça(s) os dados.* Trata-se de remédio constitucional, ou, em outras palavras, garantia ativa dos direitos fundamentais, que se destina a assegurar. (Confira a Constituição da República de 1988, art. 5º, LXXII, *a* e *b*).

Honoris causa: por motivo de honra, a título de honra, honorificamente.

Id est: isto é, quer dizer. Muitas vezes aparece abreviadamente: *i. e.*

In articulo mortis: na hora de morrer, prestes a morrer.

In dubio pro reo: em caso de dúvida, a favor do réu. Quer significar que, havendo dúvida, a decisão deve ser a favor do réu.

In fine: no fim (de um parágrafo, capítulo, etc.).

In limine: no limiar, na entrada, no começo, desde o início, desde logo. Na terminologia jurídica, rejeitar "in limine" significa rejeitar imediatamente, desde logo, antes mesmo que se entre no conhecimento da matéria ou se inicie qualquer discussão.

In loco: no (próprio) lugar. Fazer uma observação "in loco".

In memoriam: em comemoração, para memória, para lembrança.

In pari causa: em caso semelhante, sob idênticas condições.

Inter vivos: entre vivos. Doação feita "inter vivos".

In totum: no todo, por inteiro, abrangendo tudo.

In verbis: nestes termos, nestas palavras. Emprega-se para exprimir as citações ou as referências feitas com as palavras da pessoa que se citou ou do texto a que se alude.

Ipsis verbis: pelas próprias palavras, exatamente, textualmente, sem excluir nem incluir.

Ipso facto: pelo próprio fato, por esse mesmo fato, por essa razão. Emprega-se, na linguagem jurídica, para exprimir a modificação ou a alteração de uma situação jurídica, operada naturalmente, sem qualquer pronunciamento da justiça, pela evidência

do fato de que decorre. O abandono do emprego importa "ipso facto" a demissão do funcionário.

Iter criminis: o caminho do crime, o percurso completo de um crime. Designa o conjunto dos atos preparatórios e executórios de um crime.

Iure et de facto: de direito e de fato. Diz-se de quem se encontra na posse efetiva de alguma coisa que lhe pertencia de direito.

Iuris et de iure: de direito e por direito. Diz-se da presunção legal que não admite prova em contrário.

Iuris tantum: pertencente somente ao direito, resultante do próprio direito. Diz-se da presunção legal que prevalece até surgir prova em contrário.

Ius agendi: o direito de agir.

Ius eundi: o direito de ir (e de vir).

Lapsus calami: lapso da pena, erro da pena. Erro que escapa, por inadvertência, a quem escreve.

Lapsus linguae: lapso da língua, erro ao falar. Erro que se comete, por distração, falando.

Lato sensu: em sentido amplo, em sentido geral.

Libertas quae sera tamen (Virgílio, *Éclogas*, I, 27): a liberdade, ainda que tardia.

Loco citato: no lugar citado, no lugar mencionado. Abreviado: *loc. cit.*

Mens legis: o espírito da lei.

Mens sana in corpore sano (Juvenal, *Sátiras,* X, 356): alma (mente) sã num corpo sadio.

Modus faciendi: modo de proceder, de agir em certas situações.

Modus vivendi: o modo, o jeito de viver.

Mutatis mutandis: mudando o que se deve mudar, fazendo-se as mudanças devidas.

Nemine discrepante: por unanimidade, sem voto ou parecer em contrário.

Nihil obstat: nada obsta, nada impede. Fórmula de licença que se costuma imprimir nos livros submetidos à censura da Igreja.

Nomen juris: denominação legal. Significa o nome atribuído a qualquer fato, ato ou ação pela própria lei.

Non bis in idem: não duas vezes em relação à mesma coisa. Significa que não se deve julgar de novo uma relação jurídica já decidida (aplicação de duas penas sobre a mesma falta, por exemplo).

Nota (ou *notate*) *bene* (abreviadamente *N. B.*): nota bem, note-se, advirta-se, ou no plural: notai bem.

Onus probandi: a obrigação de provar, o encargo de provar.

Pari passu: com passo igual, simultaneamente.

Passim: aqui e ali, isto é, em várias partes do livro. Emprega-se, depois do título de uma obra citada, para indicar que se encontram nela numerosas referências, em diversas passagens, a um certo assunto.

Per capita (pronúncia: "per cápita"): por cabeça, para cada indivíduo. Nossa renda "per capita" está subindo.

Persona non grata: pessoa indesejável, desagradável. Expressão empregada, na terminologia diplomática, para indicar a pessoa que não é mais aceita com satisfação pelo governo junto do qual estava acreditada.

Post mortem: depois da morte.

Pro forma: por mera formalidade.

Pro rata: em proporção, segundo a parte que toca, proporcionalmente. Indica, pois, a parte que cabe ou com que se deve contribuir, proporcionalmente.

Quantum satis: o bastante, quanto baste; o que basta.

Quod erat demonstrandum: o que se queria demonstrar, o que se tinha a demonstrar. Emprega-se no final de uma argumentação. Abreviadamente: *Q. E. D.*

Quorum: número mínimo de membros presentes necessário para que uma assembleia possa funcionar ou deliberar regularmente.

Requiescat in pace: descanse em paz. Palavras que se cantam ou rezam no ofício dos mortos e que se gravam nas pedras tumulares. Abreviado: RIP.

Res, non verba: fatos, não palavras. Emprega-se para indicar que determinada situação exige mais do que meras promessas.

Res nullius: a coisa de ninguém, isto é, aquilo que não pertence a ninguém.

Sic: assim, assim mesmo, exatamente, nada mais nada menos, Pospõe-se a uma citação, ou nela se intercala, entre parênteses ou entre colchetes, para indicar que o texto original é bem assim, por errado ou estranho que pareça.

Sine die: sem dia, isto é, sem dia fixado, sem data marcada A reunião foi adiada "sine die".

Sine qua non: sem a qual não, isto é, indispensável. A saúde é a condição "sine qua non" da felicidade.

Si vis pacem, para bellum: se queres a paz, prepara-te para a guerra. Quer significar que, para evitar ser atacado, o melhor é fazer os necessários preparativos para a defesa.

Sponte sua: espontaneamente, por sua própria iniciativa, por sua própria vontade.

Statu quo: no estado em que. Emprega-se, na linguagem jurídica, para indicar a forma, a situação ou a posição em que se encontra certa questão ou coisa em determinado momento.

Stricto sensu: em sentido restrito, no sentido literal.

Sub iudice: em juízo, sob apreciação judicial. Designa a questão que está ainda pendente de julgamento ou que não foi ainda objeto de decisão por parte do juiz.

Sufficit: basta, é suficiente.

Sui generis: de seu próprio gênero. Diz-se do que é especial a uma pessoa, a uma coisa. Ele tem um modo de discordar "sui generis".

Summum jus, summa injuria (Cícero, *De Officiis,* I, 10, 33): excesso de justiça, excesso de injustiça. Significa que, de uma aplicação demasiadamente rigorosa da lei, podem facilmente resultar injustiças.

Superavit: excesso da receita sobre a despesa, saldo positivo.

Ultra petita: além do que foi pedido. Diz-se do julgamento que resolve a demanda além do que o autor requereu.

Una voce: a uma voz, em uníssono, unanimemente, sem discrepância.

Ut infra: como (está escrito) abaixo.

Ut supra: como (ficou escrito) acima.

Ut retro: como (ficou dito ou escrito) atrás.

Verbi gratia (abreviadamente v. g.): por exemplo.

Verbum ad verbum: palavra por palavra, textualmente, literalmente.

Vide: vê, veja, veja-se, veja em. Usa-se quando se quer que o leitor consulte outra palavra, expressão ou trecho.

Vox populi, vox Dei: Vós do povo, vós de Deus. (Ocorre que, com base na voz do povo, Jesus foi crucificado!)

Segunda Parte

DOCUMENTOS

1 – Alvará

1.1 – Conceitos

"*Alvará* é o instrumento da *licença* ou da *autorização* para o exercício de um direito, para a prática de um ato, ou para a realização de uma atividade dependente do policiamento administrativo." (Hely Lopes Meirelles – *Direito administrativo brasileiro*)

"*Alvará* "é o instrumento formal expedido pela Administração, que, através dele [*rectius*, mediante ele], expressa aquiescência no sentido de ser desenvolvida certa atividade pelo particular. Seu conteúdo é o consentimento dado pelo Estado, e por isso se fala em *alvará de autorização, alvará de licença* [grifou-se], etc." (José dos Santos Carvalho Filho – *Manual de direito administrativo*)

1.2 – Tipos

Há, segundo se deduz dos conceitos supratranscritos, dois tipos básicos de alvará:

1.2.1 – Alvará de licença

O alvará de licença tem caráter definitivo e, por essa razão, só pode ser revogado por motivos de interesse público, mediante completa indenização. Exemplo de licença: alvará de licença de funcionamento de uma lanchonete.

1.2.2 – Alvará de autorização

O alvará de autorização tem caráter precário, podendo ser cassado sumariamente e sem qualquer indenização. Exemplo de autorização: alvará de retirada de água de um rio público.

Nota – Em observação ao final deste capítulo, confira outros exemplos de alvarás.

1.3 – Partes

a) *Título* – denominação do documento, seguida de seu número de ordem e data de expedição.

b) *Texto*, que consta:

- *Introdução*, designação completa do cargo da autoridade que expede o alvará;
- *Fundamentação*, citação da legislação básica em que se baseia a decisão da autoridade, seguida da palavra "resolve";
- *Exposição do assunto*, que pode ser dividida em parágrafos, e estes em alíneas, se necessário.

c) *Assinatura* – nome da autoridade competente, sem indicação do cargo, que já vem mencionado na introdução. No caso de assinatura por substituto, essa situação deverá ser declarada.

d) *Local e data*, dispensáveis nos casos em que a data de expedição aparece após o título.

Nota – O alvará, como se vê, apresenta-se de forma praticamente idêntica à da portaria.

1.4 – Modelo

ALVARÁ N. 446, DE 24 DE JULHO DE 1970.

O Ministro de Estado das Minas e Energia, usando da atribuição que lhe confere o art. 80 do Decreto-Lei n. 227, de 28 de fevereiro de 1967 (Código de Mineração), alterado pelo Decreto-Lei n. 318, de 14 de março de 1967, resolve:

I – Autorizar Geraldo Lacerda de Oliveira, firma individual, constituída por ato e alterações arquivados na Junta Comercial do Estado de Minas Gerais, sob n. 34.072, com sede na cidade de Belo Horizonte, no referido Estado, a funcionar como empresa de mineração, ficando obrigada a cumprir integralmente o que dispõe o Código de Mineração e seu Regulamento, baixado pelo Decreto n. 62.934, de 2 de julho de 1968, bem como as demais leis em vigor ou que venham a vigorar sobre o objeto da referida autorização.

II – O título desta autorização é uma via autêntica deste Alvará, que será transcrito no livro D de Registro das Empresas de Mineração, e que deverá ser registrado, em original ou certidão, no órgão de Registro de Comércio da sede da Empresa.

Antônio Dias Leite Júnior

(*Apud* João Luiz Ney – Prontuário de redação oficial)

Nota – Existem inúmeros tipos de alvarás, todos destinados a uma situação específica, e geralmente constantes em formulários específicos pré-elaborados a serem preenchidos pelo interessado. Emanados de uma autoridade judicial ou administrativa, todos eles se des-

tinam ao cumprimento de um despacho ou prática de determinado ato. Podem-se listar, entre outros mais, os seguintes alvarás: de *autorização* de funcionamento de depósitos e comércio de GLP; de drogarias e farmácias; de hospitais, maternidades e asilos; de prestação de serviços; de instalação de painel publicitário; de antenas transmissoras; de bancas de jornal e revistas; de inscrição de autônomo estabelecido; de microempreendedor; de *licença* de funcionamento - licença sanitária, banco de leite humano, hotel, motel, hospedagem, pensão, etc. Pode-se mencionar ainda o pedido do *alvará judicial*, de autorização para levantamento do FGTS e do PIS de pessoa falecida, de pequenas quantias em conta-corrente, cadernetas de poupança, de pessoas falecidas que não deixaram outros bens; para venda de imóveis pertencentes a incapazes, para retirar dinheiro de menores em contas bancárias; etc. Há também o *alvará de soltura*, instrumento de ordem judicial, assinado pelo magistrado, para colocar em liberdade o acusado que, estando preso, foi absolvido, cumpriu a pena ou obteve *habeas corpus*.

A emissão dos alvarás deve observar a legislação vigente em cada Município ou Região.

2 – Apostila

2.1 – Conceitos

"*Apostila* é o ato aditivo, confirmatório de alterações de honras, direitos, regalias ou vantagens, exarado em documento oficial, com finalidade de atualizá-lo." (Regulamento de Correspondência do Exército – art. 192)

"*Apostila* é ato administrativo unilateral de assentamento mediante o qual a Administração Pública anota, declara ou faz aditamento em documento público, registrando fatos ou atos de interesse geral e particular, por exemplo, a anotação feita no título de nomeação para cargo público atinente à transferência, remoção ou aposentadoria do servidor público."(Maria Helena Diniz – *Dicionário jurídico,* vol. I, p. 237, 1998.

2.2 – Generalidades

Como denotam os conceitos suprarregistrados, a apostila tem por objeto a correção de dados constantes em atos administrativos anteriores ou o registro de alterações na vida funcional de um servidor, tais como promoções, lotação em outro setor, majoração de vencimentos, aposentadoria, reversão à atividade, etc.

Normalmente, a apostila é feita no verso do documento a que se refere. Pode, no entanto, caso não haja mais espaço para o registro de novas alterações, ser feita em folha separada (com timbre oficial), que se anexará ao documento principal. É lavrada como um termo e publicada em órgão oficial.

2.3 – Partes

São, usualmente, as seguintes:

a) *Título* – denominação do documento (apostila).

b) *Texto* – desenvolvimento do assunto. Nele deve constar a correção ou alteração a ser feita, iniciada com a remissão ao decreto ou outro ato oficial (portaria, etc.) que autoriza o procedimento

c) *Data*, às vezes precedida da sigla do órgão.

d) *Assinatura* – Indicação do nome e cargo ou função da autoridade signatária.

2.4 – Modelos

APOSTILA

O funcionário a quem se refere o presente Ato passou a ocupar, a partir de 1º de janeiro de 1966, a classe de Professor . . . ., código EC- . . . ., do Quadro Único de Pessoal – Parte Permanente, da Universidade Federal do Rio Grande do Sul, de acordo com a relação nominal anexa ao Decreto n. 60.906, de 28 de junho de 1967, publicado no Diário Oficial de 10 de julho de 1967.

DP, ...

Diretor

(Dos arquivos da UFRGS)

APOSTILA

O nome do membro suplente do Conselho Fiscal da Caixa Econômica Federal (CEF) constante na presente Portaria é *José Rezende Ribeiro*, e não como nela está expresso.

Rio de Janeiro (GB), ... de . . . . de . . . . .

José Flávio Pécora,

Secretário-Geral.

(DOU de 31-3-1971, p. 2.517)

APOSTILA

O funcionário a quem se refere a presente Portaria, por força das alterações introduzidas pela Resolução n. 61, de 12 de setembro de 1968, regulamentada pela Portaria n. 159, de 24 de outubro de 1968, passa a exercer a chefia da Seção do Material da Secretaria da Presidência.

. . . .

. . . .

(DOU de 31-10-1968, p. 9.548)

APOSTILA

A licença especial a que se refere a presente Portaria fica retificada no período do decênio, que é: 1º-3-1956 a 28-2-1966, e não como constou.

Porto Alegre, ... de . . . . de . . . . .

. . . .

Vice-Reitor

(Dos arquivos da UFRGS)

APOSTILA

O cargo a que se refere o presente ato foi transformado em Assessor da Diretoria--Geral de Administração, código TAS-102.2, de acordo com o Decreto n. 99.411, de 25 de julho de 1990.

Brasília, 12 de novembro de1990.

. . . .

Subchefe da Subsecretaria-Geral
da Presidência da República.

(*Manual de redação da Presidência da República*. – 2. ed. Brasília: Presidência da República, 2002. www.planalto.gov.br).

APOSTILA

Os proventos desta aposentadoria, além de integrais, são acrescidos de vinte por cento (20%), de acordo com o artigo 184,, inciso III, da Lei n. 1.711, de 28 de outubro de 1952.

Porto Alegre, ... de . . . . de . . . . .

Reitor

(Dos arquivos da UFRGS)

APOSTILA

O . . . ., usando da competência delegada pelo Diretor da DP do MEC na Portaria n. . . . ., de . . . .-. . . ., publicada no DO de . . .-. . .-. . . ., resolve declarar que o servidor a quem se refere o presente Título passou a ocupar o cargo de . . . ., código . . . ., nível . . . ., do QP – PP, do MEC, a partir de . . .-. . .-. . . ., conforme relação nominal a que se refere o artigo . . . . do Decreto n. . . . ., de . . . .-. . . .-. . . ., publicado no DO de . . .-. . .-. . . .

(Sigla do órgão), em . . .-. . .-. . . .

(Assinatura c/indicação do cargo ocupado)

(*Normas sobre correspondência, comunicação e atos oficiais* – MEC, 1972)

APOSTILA

O Diretor da DP do MEC, no uso de suas atribuições, resolve declarar que o nome da servidora a quem se refere a presente Portaria é . . . ., e não como constou no Decreto n. 52.794, de 31-10-1963, publicado no DO de 14-11-1963.

DP, em . . . . . de . . . . de . . . . .

. . . .

(*Normas sobre correspondência, comunicação e atos oficiais* – MEC, 1972)

APOSTILA

No original da Portaria n. 607, de 17 de julho de 1970, referente ao funcionário OLSE PEREIRA, com exercício na Faculdade de Biblioteconomia e Comunicação, desta Universidade, foi feita a seguinte apostila:

A função gratificada a que se refere o presente Ato passou a ser classificada no símbolo 2-F a contar de 29 de outubro de 1969, e não como constou.

. . . .
Reitor.

(Dos arquivos da UFRGS)

3 – Ata

3.1 – Conceitos

Ata é o documento em que se registram, de forma exata e metódica, as ocorrências, resoluções e decisões das assembleias, reuniões ou sessões realizadas por comissões, conselhos, congregações, corporações ou outras entidades semelhantes.

"*Ata* é o documento em que se narra o que se disse ou se fez numa reunião ou sessão." (*Regulamento de correspondência do Exército* – art. 173)

3.2 – Elaboração

3.2.1 – Cuidados

A ata é documento de valor jurídico. Por essa razão, deve ser lavrada de tal forma que se lhe não possam introduzir modificações posteriores. Geralmente é lançada em livros próprios, devidamente autenticados, cujas páginas são rubricadas por quem redigiu os termos de abertura e de encerramento, o que lhes confere cunho oficial. Há os que substituem os livros por folhas soltas, sistema que, embora ofereça algumas vantagens de caráter prático, tem, por outro lado, sérios inconvenientes, tais como a facilidade de extravio e de acréscimos ou modificações posteriores, com objetivos fraudulentos.

Na ata não se fazem parágrafos ou alíneas: escreve-se tudo seguidamente, para evitar que, nos espaços em branco, se façam acréscimos. Existem, no entanto, tipos de ata que, por se referirem a atos rotineiros e de procedimento padronizado, são lançadas em formulários com claros a serem preenchidos. Mesmo nesse tipo de ata é conveniente, com a finalidade de prevenir qualquer fraude, preencher os eventuais espaços em branco com pontos ou outros sinais convencionais.

Nota – A palavra *ata*, em sentido genérico, designa o ato pelo qual se registra por escrito tudo o que ocorre em determinadas reuniões ou solenidades, promovidas por associações, por sociedade ou entidade particular de qualquer natureza ou fim, públicas ou particulares. Temos, por exemplo, entre outros, os seguintes tipos e atas: ata de falência; atas das sociedades anônimas; ata de audiência (aquela em que o escrivão do feito, ou seu substituto

legal, registrará em livro próprio, sob a direção do juiz, os atos relativos às ocorrências havidas nas audiências do juiz); atas de instalação (em que se registram em termo ou ato, para indicar a instalação de uma associação, corporação ou instituição); ata deliberativa (a que é formulada por ordem do capitão do navio, a fim de que se delibere a respeito da medida que deva ser tomada em face de circunstâncias apresentadas, relativas ao navio ou à sua carga); etc.

3.2.2 – Ressalvas

Na ata não se admitem rasuras. Para ressalvar erro constatado durante a redação, usa-se a palavra *digo*, depois da qual se repete a palavra ou expressão anterior ao mesmo erro:

Aos dezesseis dias do mês de agosto, digo, do mês de setembro de mil, novecentos e setenta e quatro, reuniu-se o...

Quando se constata erro ou omissão após a redação, usa-se a expressão *em tempo*, que é colocada após o escrito, seguindo-se a emenda ou acréscimo:

Em tempo: Na linha . . . . ., onde se lê "abono", leia-se "abandono".

Em tempo: Na linha . . . . ., onde se lê "os seguintes critérios", acrescente-se "de julgamento".

É, também, oportuna esta observação: "Em caso de contestações ou emendas ao texto apresentado, a ata só poderá ser assinada depois de aprovadas as correções." (Maria José Bartholo de Oliveira e Isaltina Domingues Sollberger – *Linguagem na administração pública*)

3.2.3 – Redação e estilo

A ata é redigida por um secretário efetivo do órgão ou, na falta desse, por um secretário "ad hoc", isto é, eventual, designado na ocasião ou somente para ela.

Como a ata deve ser um registro fiel dos fatos ocorridos em determinada reunião, sua linguagem deve ser simples e despretensiosa, clara, precisa e concisa, não se prestando, por isso mesmo, para demonstração ou extravasamento de prováveis ou supostos dotes literários do redator.

3.3 – Assinatura

Assinam a ata, geralmente, todas as pessoas presentes à reunião. Às vezes, todavia, ela é assinada somente pelas pessoas que presidiram a sessão (presidente e secretário). Não há, sobre o assunto, disposição de caráter geral.

3.4 – Partes

As partes de uma ata variam segundo a natureza das reuniões cujos eventos se registram. As mais importantes, todavia, e que mais frequentemente aparecem, além do título e das assinaturas, são as seguintes:

a) *Dia, mês, ano* e *hora da reunião* (por extenso).

b) *Local da reunião.*

c) *Pessoas presentes,* devidamente qualificadas (conselheiros, professores, delegados, etc.).

d) *Presidente e secretário dos trabalhos.*

e) *Ordem do dia* (discussões, votações, deliberações, etc.).

f) *Fecho.*

3.5 – Modelos

3.5.1 – Modelos de introdução (partes iniciais)

CONSELHO PENITENCIÁRIO FEDERAL
Ata da 791ª Reunião Ordinária

Aos dezesseis dias do mês de dezembro do ano de mil, novecentos e setenta, no quarto andar do Bloco "O" da Avenida L-2, do Setor de Autarquias Sul, na Sala de Despachos do Procurador-Geral da Justiça, sob a presidência do Doutor José Júlio Guimarães Lima, reuniu-se o Conselho Penitenciário Federal. Estiveram presentes os Conselheiros Hélio Pinheiro da Silva, Elísio Rodrigues de Araújo, Abelardo da Silva Gomes, Nestor Estácio Azambuja Cavalcanti, Miguel Jorge Sobrinho, Otto Mohn e o Membro Informante Tenente Pedro Arruda da Silva. Aberta a sessão, foi lida e, em votação, aprovada a ata da reunião anterior. Na fase de comunicações, o Tenente Pedro Arruda da Silva comunicou que, por força constitucional, voltará para a Polícia Militar do Distrito Federal, deixando, assim, a direção do Núcleo de Custódia de Brasília.

(DOU de 31-3-1971, p. 2.510)

CONSELHO PENITENCIÁRIO FEDERAL
Ata da 792ª Reunião Ordinária

Aos doze dias do mês de janeiro do ano de mil, novecentos e setenta e um, no quarto andar do Bloco "O" do Setor de Autarquias Sul, na Sala de Despachos do Procurador-Geral da Justiça, sob a presidência do Doutor José Júlio Guimarães Lima, reuniu-se o Conselho Penitenciário Federal. Estiveram presentes os Conselheiros Hélio Pinheiro da Silva, Nestor Estácio Azambuja Cavalcanti, Miguel Jorge Sobrinho, Otto Mohn e o Membro Informante Tenente Emmanoel da Silva Pompas. Aberta a sessão, foi lida e, em votação,

aprovada a ata da reunião anterior. Em seguida, o Senhor Presidente deu ciência ao Colegiado do Ofício n. DP/21-71, do Diretor do Departamento de Prisões, mediante o qual apresenta o 1º Tenente da Polícia Militar Emmanoel da Silva Pompas, que, em substituição ao Tenente Pedro Arruda da Silva, assumirá, neste Conselho, a função de Membro Informante, como Diretor do Núcleo de Custódia de Brasília. Dando as boas vindas ao novo Membro Informante, a Presidência salientou o brilhante trabalho e as qualidades pessoais de seu antecessor, que, por sua dignidade, conquistou os aplausos, o louvor e o apreço deste Colegiado, aconselhando que sejam seguidas as suas pegadas e orientações.

(DOU de 31-3-1971, p. 2.511)

CONSELHO PENITENCIÁRIO FEDERAL
Ata da 793ª Reunião Ordinária

Aos treze dias do mês de janeiro do ano de mil, novecentos e setenta e um, no quarto andar do Bloco "O" do Setor de Autarquias Sul, na Sala de Despachos do Procurador-Geral da Justiça, sob a presidência do Doutor José Júlio Guimarães Lima, reuniu-se o Conselho Penitenciário Federal. Estiveram presentes os Conselheiros Hélio Pinheiro da Silva, Nestor Estácio de Azambuja Cavalcanti, Miguel Jorge Sobrinho, Otto Mohn e o Membro Informante Emmanoel da Silva Pompas. Aberta a sessão, foi lida e, em votação, aprovada a ata da reunião anterior. Não havendo comunicações a serem feitas, passou-se à ORDEM DO DIA, com o relato dos seguintes processos, referentes a pedidos de indulto natalino: [...]

(DOU de 31-3-1971, p. 2.511)

CONSELHO PENITENCIÁRIO FEDERAL
Ata da 794ª Reunião Ordinária

Aos quatorze dias do mês de janeiro do ano de mil, novecentos e setenta e um, no quarto andar do Bloco "O" do Setor de Autarquias Sul, na Sala de Despachos do Procurador-Geral da Justiça, sob a presidência do Doutor José Júlio Guimarães Lima, reuniu-se o Conselho Penitenciário Federal. Estiveram presentes os Conselheiros Hélio Pinheiro da Silva, Elísio Rodrigues de Araújo, Miguel Jorge Sobrinho, Otto Mohn e os Membros Informantes Emmanoel da Silva Pompas e Alcir da Silva Faulhaber, este último substituindo o Tenente Casemiro de Oliveira Filho. Aberta a sessão, foi lida e, em votação, aprovada a ata da reunião anterior. Na fase das comunicações, o Conselheiro Elísio Rodrigues justificou sua falta às duas últimas sessões. *Distribuição de Processos*: . . . .

(DOU de 31-3-1971, p. 2.511)

Nota – Os três exemplos até aqui apresentados, embora, nos aspectos gerais, sejam idênticos, oferecem, no entanto, situações particulares nitidamente distintas.

3.5.2 – Modelos de fecho

.... Nada mais havendo a tratar, foi encerrada a sessão. E, para constar, eu, Maria Madalena Coutinho, Secretária do Conselho, lavrei a presente ata, que, após lida e aprovada, será assinada pelo Senhor Presidente.

Sala das Sessões, 17 de dezembro de 1970.

José Júlio Guimarães Lima,
Presidente.

(DOU de 31-3-1971, p. 2.511)

.... Não havendo matéria na Ordem do Dia nem oradores nos Assuntos Gerais, o Presidente declarou encerrada a sessão, às quinze horas, marcou trabalhos de Câmaras a seguir e convocou os Conselheiros para a sessão imediata do dia cinco de dezembro de mil, novecentos e setenta e dois. E eu, Napoleão de Carvalho, redigi e lavrei a presente ata, que vai por mim datada e pelos Conselheiros assinada.

Rio de Janeiro, 4 de dezembro de 1972.

(Seguem as assinaturas.)

(Administração e Legislação – MEC, n. 17, p. 206)

.... Nada mais havendo a tratar, o Senhor Presidente agradeceu a presença de todos e deu por encerrados os trabalhos, às vinte horas e trinta minutos. E, para constar, copiou-se em quatro vias a presente ata, que vai assinada por mim, Cora Costa Sampaio, Secretária do Conselho Nacional de Desportos.

Sala das Sessões, 26 de setembro de 1972.

....

(Administração e Legislação – MEC, n. 16, p. 443)

.... Esgotada a pauta, foram encerrados os trabalhos, às onze horas e cinquenta minutos, e lavrada a presente ata, que vai assinada por mim, Antônio de Menezes Seródio, Chefe de Serviço responsável pelo expediente do Serviço Auxiliar de Julgamento e Secretário "ad hoc" do Conselho pleno, e visada pelo Conselheiro José Bonifácio da Silva Câmara, Presidente do CRPS.

Rio de Janeiro (GB), Sala de Sessões, em quinze de outubro de mil, novecentos e setenta.

....

(DOU de 20-4-1971, p. 2.930)

3.5.3 – Modelo integral

CONSELHO ADMINISTRATIVO
DE DEFESA ECONÔMICA

Ata da 185ª Sessão (Extraordinária)

Aos doze dias do mês de março de mil, novecentos e setenta e um, nesta cidade do Rio de Janeiro, Estado da Guanabara, no nono andar do prédio número cinquenta da Avenida Nilo Peçanha, onde funciona o Conselho Administrativo de Defesa Econômica (CADE), reuniram-se os membros do Conselho, às dezesseis horas, sob a presidência do Conselheiro-Presidente, Tristão da Cunha, com a presença dos Senhores Conselheiros Gratuliano Brito, Geraldo de Rezende Martins e Hermes da Matta Barcellos, bem como do Procurador-Geral, Doutor Vicente Tourinho. Ausente, por motivo justificado, o Conselheiro J. C. de Mendonça Braga. Verificada a existência de "quorum", foi aberta a sessão. Procedeu-se à leitura e aprovação da ata da sessão anterior (184ª, de 9-3-71). Em pauta para julgamento o Processo de Averiguações Preliminares n. 35, de representação de Victorino Piccinini & Filhos Limitada, do Rio Grande do Sul, contra Águas Minerais Vontobel Ltda. e Empresa de Águas Minerais Charrua Limitada, do mesmo Estado. Foi concedida a palavra ao relator, Conselheiro Hermes da Matta Barcellos, que concluiu o seu voto pelo arquivamento do processo, por não haver sido considerado abuso do poder econômico o fato objeto da representação. Os demais Conselheiros presentes acolheram o voto do relator, enquanto o Senhor Procurador-Geral se manifestou pela abertura de Processo Administrativo. Em seguida o Conselheiro Hermes da Matta Barcellos apresentou ao Senhor Presidente o seu pedido de exoneração do cargo de Conselheiro do CADE, para encaminhamento ao Excelentíssimo Senhor Presidente da República, por ter sido designado Secretário de Estado do Governo do Estado do Rio de Janeiro. Despedindo-se, agradeceu o acolhimento amigo de seus pares e a colaboração de todos os funcionários da casa. Retomando a palavra o Senhor Presidente, manifestou-se Sua Excelência pela fiel colaboração do Conselheiro que ora se despede, ao mesmo tempo em que exaltou sua personalidade de homem equilibrado e culto. Suas palavras foram endossadas pelos Conselheiros presentes e pelo Senhor Procurador-Geral. Nada mais havendo, mandou o Senhor Presidente encerrar a presente sessão. Eu, Osmar Bárcia Rodrigues, Secretário do Conselho, lavrei a presente, que, depois de lida e aprovada, vai por mim datada e pelo Senhor Presidente assinada.

Rio de Janeiro (GB), 22 de março de 1971.

Tristão da Cunha,
Presidente.

(DOU de 31-3-1971, p. 2.513)

4 – Atestado

4.1 – Conceitos

Atestado é o documento mediante o qual a autoridade comprova um fato ou situação de que tenha conhecimento em razão do cargo que ocupa ou da função que exerce.

"*Atestados administrativos* são atos pelos quais a Administração comprova um fato ou uma situação de que tenha conhecimento por seus órgãos competentes." (Hely Lopes Meirelles – *Direito administrativo brasileiro*)

4.2 – Generalidades

O atestado comprova fatos ou situações não necessariamente constantes em livros, papéis ou documentos em poder da Administração. Destina-se, basicamente, à comprovação de fatos ou situações transeuntes, passíveis de modificações frequentes – atestados de vacina ou de residência, por exemplo. Os agentes administrativos dão fé, por sua própria condição, da existência desses fatos.

Caso se trate de fatos ou situações permanentes e que constam nos arquivos da Administração, o documento apropriado para comprovar sua existência é a *certidão*. O atestado é mera declaração, ao passo que a certidão é uma transcrição. Ato administrativo enunciativo,[1] o atestado é, em síntese, afirmação oficial de fatos.

4.3 – Partes

a) *Título* – denominação do ato (atestado).

[1] *Ato enunciativo* é aquele que contém a certificação de um fato ou a emissão de opinião da Administração sobre determinado assunto sem se vincular ao seu enunciado (certidões, atestados, pareceres, etc.). Enunciativo é adjetivo derivado o verbo enunciar, que significa *expor com clareza, exprimir, declarar*.

b) *Texto* – exposição do objeto da atestação. Pode-se declarar, embora não seja obrigatório, a pedido de quem e com que finalidade o documento é emitido.

Como bem lembram Marques Leite e Ulhoa Cintra, no seu *Novo manual de estilo e redação*, "se se tratar de dotes, habilidades, ou qualidades de alguma pessoa, o atestante deverá cuidar de *especificar* com grande clareza os *dados pessoais* do indivíduo em questão (nome completo, naturalidade, estado civil, domicílio)". A recomendação é muito oportuna, pois tais atestados impõem responsabilidade particularmente grande a quem os fornece.

São perfeitamente dispensáveis, no texto do atestado, expressões como "nada sabendo em desabono de sua conduta", "é pessoa de meu conhecimento", etc., já que só pode atestar quem conhece a pessoa e acredita na inexistência de algo que a desabone.

c) *Local e data* – cidade, dia, mês e ano da emissão do ato, podendo-se, também, citar, preferentemente sob forma de sigla, o nome do órgão no qual a autoridade signatária do atestado exerce suas funções.

d) *Assinatura* – nome e cargo ou função da autoridade que atesta.

4.4 – Modelos

ATESTADO

Atesto que FULANO DE TAL é aluno deste Instituto, estando matriculado e frequentando, no corrente ano letivo, a primeira série do *Curso de Diretor de Teatro.*

Seção de Ensino do Instituto de Artes da UFRGS, em Porto Alegre, aos 2 de julho de 1971.

. . . .
Chefe da Seção de Ensino

ATESTADO

Atesto, para fins de direito, atendendo a pedido verbal da parte interessada, que FULANO DE TAL é ex-servidor docente desta Universidade, aposentado, conforme Portaria n. 89, de 7-2-1964, publicada no DO de 21-1-1965, de acordo com o artigo 176, inciso III, da Lei n. 1.711, de 28-10-1952, combinado com o artigo 178, inciso III, da mesma Lei, no cargo de Professor de Ensino Superior, do Quadro de Pessoal, matrícula n. 1-218.683, lotado na Faculdade de Medicina.

Porto Alegre, 10 de outubro de 1972.

Sérgio Omar Fernandes,
Diretor do Departamento de Pessoal.

ATESTADO

Atesto, para fins de prova junto ao Banco Nacional de Habitação, que FULANO DE TAL, funcionário desta Secretaria, ocupando o cargo de Oficial Administrativo, recebe, a título de vencimento mensal, a importância de R$ 645,00 (seiscentos e quarenta e cinco reais), da qual desconta R$ 58,05 (cinquenta e oito reais e cinco centavos) para o Instituto de Previdência do Estado do Rio Grande do Sul.

Porto Alegre, 15 de março de 1974.

Fulano de Tal,
Diretor de Pessoal.

ATESTADO

Atesto a idoneidade moral de FULANO DE TAL, funcionário administrativo da Universidade Federal do Rio Grande do Sul, filho de . . . . e de . . . . casado, natural de Bento Gonçalves, neste Estado, residente nesta Capital, na Avenida Protásio Alves, 973 – ap. 408.

Porto Alegre, 22 de março de 1973.

Fulano de Tal

5 – Auto

5.1 – Conceitos

Auto é a narração circunstanciada e autenticada de ato ou diligência, administrativa ou judiciária.

"*Auto* indica todo termo ou toda narração circunstanciada de qualquer diligência judicial ou administrativa, escrita por tabelião ou escrivão, e por este autenticada, mostrando-se, assim, as várias peças ou assentos de um processo, lavrados para prova, registro ou evidência de uma ocorrência". De Plácido e Silva – *Vocabulário jurídico* (atualizado por Nagib Slaibi Filho e Gláucia Carvalho)

"Um *auto* é uma exposição fiel, quase transcrição, feita por pessoa qualificada, de alguma ocorrência, sem discutir conclusões ou emitir opiniões." (Ângelo Domingos Salvador – *Métodos e técnicas de pesquisa bibliográfica*)

5.2 – Generalidades

Há vários tipos de autos, de acordo com os fatos ou ocorrências que neles se registram: auto de abertura, de corpo de delito, de flagrante, de penhora, de infração, etc.

Os autos devem ser lavrados com muito cuidado, pois podem servir de fonte a indagações posteriores sobre a maneira por que determinado fato ocorreu.

Nota – No plural, autos são um conjunto de peças coordenadas que constituem um porocesso. Em outras palavras, são a materialização do processo.

5.3 – Partes

a) *Numeração* – título e número do ato: Auto n. . . . . .

b) *Texto* – desenvolvimento do assunto. Consta, entre outros elementos, da data (dia, mês e ano) de lavratura do auto, nome e título do

autuado, motivo da autuação, indicação da penalidade e prazo para apresentação de defesa.

c) *Data* – local e data em que se lavrou o auto.

d) *Assinatura* – nome da autoridade competente, com indicação de seu cargo ou função.

5.4 – Modelos

AUTO DE INFRAÇÃO N. 40-73

Aos vinte dias do mês de dezembro de 1972, para os efeitos previstos no art. 101 do Regulamento do Código de Mineração (Decreto n. 62.934, de 2 de julho de 1968), faço lavrar, contra a Companhia de Cimento Portland de Sergipe, titular do Alvará n. 320, de 17 de março de 1972, que a autorizou a pesquisar bauxita, no lugar denominado Capim, distrito e município de Paragominas, Estado do Pará, este auto de infração, por não ter a autuada iniciado os trabalhos de pesquisa dentro do prazo estabelecido pelo artigo 1º, inciso I, alínea *a* , do supracitado Regulamento, ficando, portanto, sujeita à aplicação da multa prevista no art. 100, inciso I, desse mesmo Regulamento.

É concedido o prazo de trinta dias para a apresentação de defesa contra a presente autuação, contados da data da sua publicação no Diário Oficial da União, de conformidade com o art. 101, § 2º, do Regulamento do Código de Mineração.

Rio de Janeiro, 20 de dezembro de 1972.

Flávio Klein,

....

(DOU de 8-5-1973, p. 4.512)

AUTO DE INFRAÇÃO N. 315-69

Aos dois dias do mês de julho de 1996, em cumprimento ao despacho do Sr. Diretor-Geral do DNPM, exarado à fl. 37 do Processo DNPM 2.698-67 e para efeitos previstos no artigo 101 do Regulamento do Código de Mineração (Decreto n. 62.934, de 2-7-86, faço lavrar contra ...., titular do Alvará n. 880, de 2-8-86 (publicado no Diário Oficial da União em 12-8-86), que o autorizou a pesquisar cassiterita, no lugar denominado Seringal Massangana, em Porto Velho, Capital do Estado de Rondônia, este auto de infração, por ter o autuado infringido o disposto no artigo 31 do Regulamento do Código de Mineração, aprovado pelo Decreto N. 62.934, de 2-7-86, uma vez que, segundo constatado em vistoria realizada "in loco" pelo DNPM, não deu início aos trabalhos de pesquisa dentro do prazo estipulado em lei, ficando, portanto, sujeito aplicação do disposto no artigo 101, § 2º, do Regulamento do Código de Mineração.

Local e data

Assinatura da autoridade competente

Fonte-base, com adaptações: Maria José Bartholo de Oiveira e Isaltina Domingues Sollberger – *linguagem na administração pública.*

6 – Aviso

6.1 – Conceito

"De competência dos ministros e secretários de Estado, constituem os avisos, no direito administrativo pátrio, fórmulas mediante as quais aqueles auxiliares do chefe do executivo, federal e estadual, se comunicam entre si, como também com outras autoridades categorizadas e de prestígio dentro da hierarquia administrativa." (José Cretella Júnior – *Tratado de direito administrativo*, vol. II)

Notas

1ª – De Plácido e Silva, no seu conceituado *Vocabulário jurídico* (atualizado por Nagib Slaibi Filho e Gláucia Carvalho), faz este registro: "Quando se trata de decisões que devam ser cumpridas por todos os chefes subordinados ao departamento, ou ministério onde o aviso se formulou, costumam ser divulgadas em circulares, que por isso se denominam *avisos-circulares*".

2ª – Segundo informa Diogenes Gasparini – *Direito administrativo*, 10. ed. revista e atualizada, 2005, o aviso é "a fórmula utilizada pelos Ministros, notadamente os militares, para prescreverem orientação aos respectivos subordinados sobre assuntos de seus Ministérios". São exemplos o Aviso n. 549-D-7, de 1960, e o Aviso N-12-D/5-F, de 1961, ambos do Ministério da Guerra.

6.2 – Generalidades (uso)

"*Aviso* e ofício são modalidades de comunicação oficial praticamente idênticas. A única diferença entre eles é que o aviso é expedido exclusivamente por Ministros de Estado, Secretário-Geral da Presidência da República, Consultor-Geral da República, Chefe do Estado Maior das Forças Armadas, Chefe do Gabinete Militar da Presidência da República e pelos Secretários da Presidência da República, para autoridades de mesma hierarquia, ao passo que o ofício é expedido para e pelas demais autoridades. Ambos têm como finalidade o tratamento de assuntos oficiais pelos órgãos da Administração Pública entre si e, no caso do ofício, também com particulares." (*Instrução normativa n. 4*, de 6 de março de 1992, do Secretário da Administração Federal)

Nota – No âmbito federal, observa-se que podem expedir avisos, além dos Ministros de Estado, autoridades de hierarquia equiparada a esses.

6.3 – Partes

O aviso tem estrutura idêntica à do ofício.

a) *Timbre* (cabeçalho) – dizeres impressos na folha, ao alto, às vezes completados por digitação. Identifica a esfera administrativa e o órgão donde se origina o documento.

b) *Índice* (tipo) e *número* – iniciais do órgão que expede o aviso e número de ordem deste: Aviso n. SG/123, ou Aviso n.123/SG.

c) *Local e data* em que foi assinado o aviso, por extenso e com alinhamento junto à margem direita: Brasília, (em) 14 de dezembro de 1992.

d) *Vocativo* – tratamento e cargo ou função do destinatário. Vem seguido, preferentemente, de dois-pontos (Veja item 2.22):

Excelentíssimo Senhor Presidente da República:
Senhor Ministro:
Senhor Chefe de Gabinete:

e) *Texto* – exposição do assunto. Constitui-se de:

– *introdução*, que se confunde com o parágrafo de abertura, e nela é apresentado o assunto da comunicação: "Informo Vossa Excelência de que..."; "Submeto à apreciação de Vossa Excelência..."; etc.;

– *desenvolvimento*, no qual o assunto é detalhado; haverá tantos parágrafos quantos forem necessários; e

– *conclusão*, em que se reafirma ou simplesmente reapresenta a posição recomendada sobre o assunto.

Com exceção do primeiro, numeram-se os parágrafos do texto, o que facilita a eventual remissão que se queira fazer a algum deles.

f) *Fecho* – fórmula de cortesia. Tem a finalidade de marcar o encerramento do texto e de saudar o destinatário. Deve ser simples e natural: *Respeitosamente* (para autoridades superiores, inclusive o Presidente da República) ou *Atenciosamente* (para autoridades da mesma hierarquia ou de hierarquia inferior). O fecho pode ser alinhado pelos parágrafos do texto, mas sem numeração, ou posicionado acima da assinatura.

g) *Assinatura e identificação do signatário*. A identificação constitui-se do nome e do cargo ou função do destinatário. É digitada abaixo do local da assinatura:

Fulano de Tal,
Ministro da Educação.

h) *Endereço* (destino) – tratamento, nome e/ou cargo ou função do destinatário, seguidos da localidade de destino:

A Sua Excelência o Senhor
.....................,
....

6.4 – Modelos

Aviso n. BSB/941-90

Brasília, 22 de outubro de 1990.

Senhor Ministro:

Face à aprovação, pelo Excelentíssimo Senhor Presidente da República, da Exposição de Motivos n. 800, de 22 de julho de 1990, dessa Secretaria de Estado, destinando recursos da ordem de R$ 10.000.000,00 (dez milhões de reais) para implantação do Programa do Livro-Texto em áreas prioritárias do Ensino Superior, foi estabelecido que o referido Programa será executado pelo Instituto Nacional do Livro, deste Ministério.

2. Visando à coordenação do Programa em apreço, será constituída uma Comissão de alto nível, sob a presidência do Diretor do Instituto Nacional do Livro, para a qual solicito a V. Excelência. seja designado um membro desse Ministério, tendo em vista que a referida Comissão deverá iniciar seus trabalhos com a maior brevidade possível.

Atenciosamente,

. . . .,
Ministro da Educação.

A Sua Excelência o Senhor
. . . .,
Ministro do . . . .

(Adaptado das *Normas sobre correspondência, comunicação e atos oficiais* – MEC, 1972)

Aviso n. 45/SCT-PR

Brasília, 27 de fevereiro de 1991.

Senhor Ministro,

Convido Vossa Excelência a participar da sessão de abertura do "Primeiro Encontro Regional sobre o Uso Eficiente de Energia no Setor Público", a ser realizado em 5 de março próximo, às 9 horas, no auditório da Escola Nacional de Administração Pública – ENAP, localizado no Setor de Áreas Isoladas, nesta Capital.

O Seminário mencionado inclui-se na atividade do "Programa Nacional das Comissões Internas de Conservação de Energia em Órgãos Públicos", instituído pelo Decreto n. 99.656, de 26 de outubro de 1990.

Atenciosamente,

Nome e
cargo do signatário

A Sua Excelência o Senhor
Nome e
cargo do destinatário

(Anexo IV da *Instrução normativa n. 4*, de 6 de março de 1992, do Secretário da Administração Federal – Mantida a pontuação original do vocativo. Veja (2.22).

7 – Certidão

7.1 – Conceito

"*Certidão* é o documento revestido de formalidades legais adequadas, mandado fornecer por autoridade competente, a requerimento do interessado, solicitado ou requisitado *ex officio*[1] por autoridade administrativa ou judicial e destinado a fazer certa a existência de registro em livro, processo ou documento qualquer em poder do expedidor, referente a determinado ato ou fato, ou dar por certa a inexistência de tal registro." (*Regulamento de correspondência do exército* – art. 174)

7.2 – Generalidades

A Constituição da República de 1988 estabelece, no Capítulo I – "Dos Direitos e Deveres Individuais e Coletivos" –, que é assegurada a todos, independentemente do pagamento de taxas, "a obtenção de certidões em repartições públicas, para defesa de direitos e esclarecimento de situações de interesse pessoal" (art. 5°, XXXIV, *b*).

Nota – A Lei n. 9.051, de 18-5-1995, que dispõe sobre a expedição de certidões para a defesa de direitos e esclarecimentos de situações, estabelece em seu art. 1º: *As certidões para a defesa de direitos e esclarecimentos de situações, requeridas aos Órgãos da administração centralizada ou autárquica, às empresas públicas, às sociedades de economia mista e às fundações públicas da União, dos Estados ,do Distrito Federal e dos Municípios, deverão ser expedidas no prazo improrrogável de quinze dias, contado do registro do pedido no órgão expedidor.* No art. 2º da mesma Lei, fica determinado que: *Nos requerimentos que objetivem a obtenção a obtenção de certidões a que se refere esta lei, deverão os interessados fazer constar esclarecimentos relativos aos fins e razões do pedido.*

As certidões podem ser de inteiro teor, ou resumidas, contanto que exprimam fielmente o que se contém no original donde foram extraídas. Quando a certidão consiste em transcrição "verbum ad verbum", isto é, integral, também recebe o nome de *traslado*.

Há vário tipos de certidões, tais como:

a) *certidão integral, em inteiro teor ou "verbum ad verbum*: – aquela que é a fiel e integral transcrição, palavra por palavra, do escrito de que é extraída;

[1] *Ex officio*: por dever, segundo é do dever, por dever de ofício.

b) *certidão negativa*: aquela que visa a certificar a inexistência do ato, fato ou estado, apontado pelo requerente. Mediante ela se faz uma negação, depois de consultar os respectivos livros de notas. Assim, por exemplo, *certidão negativa de hipoteca* é aquela pela qual o oficial competente, depois de rever seus livros de notas, atesta que o imóvel apontado pelo requerimento não está hipotecado ou que nesses livros não consta transcrição de hipoteca que o tenha gravado livros;

c) *certidão da dívida*: instrumento pelo qual a repartição competente certifica a existência de dívida fiscal, regularmente inscrita em livro próprio;

d) *certidão ou atestado ideologicamente falso*: modalidade de crime de falsidade documental, que consiste em "atestar ou certificar falsamente, em razão de função pública, fato ou circunstância que habilite alguém a obter cargo público, isenção de ônus ou de serviço de caráter público, ou qualquer outra vantagem'. Trata-se de crime previsto no Código Penal (Decreto-Lei n. 3.914, de 9 de dezembro de 1941), art. 301, nos termos supratranscritos.

Nota – Apontamentos colhidos em José Náufel – *Novo dicionário jurídico brasileiro*, 9. ed., inteiramente rev., atualizada e aumentada, Rio de Janeiro: Forense, 2000.

7.3 – Técnica de elaboração

A certidão deve ser escrita em linhas corridas, sem emendas ou rasuras. Qualquer erro de escrita pode ser ressalvado com a palavra *digo* ou a expressão *em tempo,* formas cuja oportunidade e técnica de emprego foram já explicadas neste livro, no capítulo sobre a elaboração da ata.

Sendo de absoluta necessidade, é permitido incluir uma ou mais palavras nas entrelinhas. Nesse caso, o certificante deve declarar, à margem, na mesma altura da inserção, que é válida a entrelinha, assinando essa observação, para evitar qualquer fraude. A frase usada para o caso é: "Vale a entrelinha", seguida da assinatura.

A certidão deve ser datada e assinada pelo servidor que a lavrou, conferida pelo Chefe da Seção e visada pelo Diretor.

Quaisquer espaços em branco devem ser preenchidos com pontos ou outros sinais convencionais.

7.4 – Partes

a) *Título* – nome do documento, muitas vezes já impresso em papel próprio.

b) *Preâmbulo* – alusão ao ato que determinou a expedição do documento. Também, quando for o caso, será mencionado o documento ou livro do qual a certidão está sendo extraída.

c) *Texto* – teor do que se certifica: transcrição do documento original ou descrição do que foi encontrado.

d) *Fecho* – termo de encerramento e assinatura dos funcionários que intervieram no ato (quem lavrou e quem conferiu).

e) *Local* e *data* (da expedição do ato).

f) *Visto*[1] da autoridade que autorizou a lavratura da certidão. Representa o ato de aprovação e reconhecimento da autoridade, a fim de que a certidão produza os efeitos legais desejados.

7.5 – Modelos

7.5.1 – Modelos de introdução

> Em cumprimento ao despacho do Sr. Delegado, exarado no Processo n. . . . ., de . . . . . de . . . . de mil, novecentos e setenta e quatro, certifico que . . . .

> Certifico, em cumprimento ao despacho do Senhor . . . ., exarado, em vinte e dois do corrente, na petição em que Fulano de Tal solicita certidão de seu tempo de serviço neste Departamento, que, revendo os assentamentos existentes, aí constatei o seguinte: . . . .

> Certifico, em cumprimento ao despacho do Secretário-Geral, exarado em requerimento do "Banco Agrícola de Minas Gerais S. A.", e, na forma requerida, que . . . .

> Certifico, em cumprimento ao despacho do Senhor Diretor, exarado no Processo n. 00154, de 7 de março de 1973, que o Professor Fulano de Tal foi designado, ...

[1] "*Visto* é o ato que se limita à verificação da legitimidade formal de outro ato. Pode ser também apenas ato de ciência em relação a outro." (José os Santos Carvalho Filho – *Manual de direito administrativo*)

7.5.2 – Modelos de fecho

.... E, por ser verdade, eu, ..., Escriturário – 10-B, digitei a presente Certidão, que é assinada pelo Senhor Secretário e visada pelo Senhor Diretor. Secretaria da Escola Técnica de Comércio da Universidade Federal do Rio Grande do Sul, aos 12 dias do mês de março de 1973.

.... Para constar, eu, Oficial Administrativo I, ..., passei a presente certidão, que vai datada e assinada pelo Senhor Chefe da Seção de Registros Funcionais e visada pelo Senhor Diretor do Departamento de Pessoal.

.... Eu, ..., Escriturário, nível I, escrevi, conferi e assino .... Eu, ..., Chefe da Seção de Certidões, a subscrevo .... Visto: ...., Secretário-Geral.

7.5.3 – Modelo integral

CERTIFICO, a pedido verbal da parte interessada e à vista dos registros existentes na Seção do Pessoal, que a Srª FULANA DE TAL ocupa, atualmente, o cargo de Chefe de Secretaria PJ-1, do Quadro de Pessoal do Tribunal Regional do Trabalho, da 4ª Região, para o qual foi nomeada pelo Ato n. 7, de dois de agosto de mil, novecentos e sessenta e dois, tendo tomado posse e entrado em exercício na mesma data, ficando lotada na 5ª Junta de Conciliação e Julgamento, desta Capital. CERTIFICO, ainda, que as atribuições inerentes ao referido cargo se acham enumeradas no artigo 712 da Consolidação das Leis do Trabalho. CERTIFICO, finalmente, que a Srª FULANA DE TAL foi efetiva no cargo de Chefe de Secretaria PJ-1 desde a data de sua nomeação (dois de agosto de mil, novecentos e sessenta e dois) até a data em que é expedida a presente certidão. Do que, para constar, eu, ... (Fulano de Tal), Auxiliar de Portaria, nível 7-A, extraí a presente certidão, aos seis dias do mês de novembro de mil, novecentos e setenta e três, a qual vai devidamente conferida e assinada pelo Sr. Fulano de Tal, Chefe da Seção do Pessoal, e visada pelo Sr. Fulano de Tal, Diretor da Divisão Administrativa do Tribunal Regional do Trabalho da 4ª Região.

Visto:

Fulano de Tal,
Diretor da Divisão Administrativa.

Fulano de Tal,
Chefe da Seção do Pessoal.

(Dos arquivos do TRT, 4ª Região)

8 – Circular

8.1 – Conceito

"*Circulares* são ordens escritas, de caráter uniforme, expedidas a determinados funcionários ou agentes administrativos incumbidos de certo serviço, ou de desempenho de certas atribuições em circunstâncias especiais." (Hely Lopes Meirelles – *Direito administrativo brasileiro*)

8.2 – Generalidades

As circulares objetivam o ordenamento do serviço. Dessa forma, empregam-se para divulgar matéria de interesse geral, recomendações, informações e esclarecimentos sobre atos e fatos administrativos. "Apresentam-se como normas de caráter geral, uniforme, endereçadas a todos os órgãos que tenham a mesma condição, a mesma função e que pertençam à mesma categoria, tendo caráter obrigatório somente para com os subordinados a uma autoridade e nenhuma influência exercem sobre os tribunais." (José Cretella Júnior – *Tratado de direito administrativo*, vol. II)

As circulares são correspondência multidirecional, pois, embora sejam de redação única, são destinadas a vários destinatários. Podem ser impressas, digitadas, ou mesmo transmitidas por telegramas, fonogramas ou radiogramas.

O nome *circular*, conforme leciona De Plácido e Silva em seu *Vocabulário jurídico* (op. cit.), liga-se à palavra *círculo*, porquanto, conforme a própria palavra indica, são igualmente enviadas a diversas repartições, indicando que se trata de medidas tomadas em caráter geral a todos os departamentos sob jurisdição de quem as emitiu, e que, em face disso, devem ser observadas por todos os jurisdicionados da autoridade hierárquica da qual provieram.

8.3 – Partes

a) *Numeração* – número do ato e data de expedição.

b) *Ementa* – resumo do assunto da circular. Não é parte obrigatória.

c) *Vocativo* – tratamento e cargo das autoridades destinatárias da circular. Não é parte obrigatória, sendo geralmente omitida.

d) *Texto* – desenvolvimento do assunto tratado. O texto pode ser dividido em parágrafos, e esses em alíneas, se necessário. Os parágrafos são seguidamente numerados, exceto o primeiro, com algarismos arábicos.

e) *Fecho* – fórmula de cortesia. Também não é parte obrigatória, sendo geralmente omitida.

f) *Assinatura* – nome da autoridade, seguido do cargo que ocupa ou função que exerce.

Nota – Quando a circular contém vocativo e fecho, apresenta, propriamente, a forma de *ofício-circular.*

8.4 – Modelos

CIRCULAR N. 55, DE 29 DE JUNHO DE 1973.

Prorroga o prazo para recolhimento, sem multa, da Taxa de Cooperação incidente sobre bovinos.

O DIRETOR-GERAL DO TESOURO DO ESTADO, no uso de suas atribuições, comunica aos Senhores Exatores que, de conformidade com o Decreto n. 22.500, de 28 de junho de 1973, publicado no Diário Oficial da mesma data, fica prorrogado, até 30 de setembro do corrente exercício, o prazo fixado na Lei n. 4.948, de 28 de maio de 1965, para o recolhimento, sem a multa moratória prevista no artigo 71 da Lei n. 6.537, de 27 de fevereiro de 1973, da Taxa de Cooperação incidente sobre bovinos.

Lotário L. Skolaude,
Diretor-Geral.

(DO/RS de 11-5-1973, p. 16 – com adaptações)

CIRCULAR N. 1, DE 10 DE OUTUBRO DE 1968.

O Excelentíssimo Senhor Presidente da República, em observância aos princípios de racionalização administrativa inscritos no Decreto.-Lei n. 200, de 25 de fevereiro de 1967, recomenda a Vossa Excelência a adoção, pelo órgão central de pessoal, de providências imediatas no sentido de que os atos relativos ao funcionalismo, notadamente exoneração, promoção e redistribuição de pessoal, a serem submetidos e assinados por Sua Excelência, tenham o caráter coletivo, devendo abranger num só ato o maior número possível de casos individuais.

Rondon Pacheco,
Ministro Extraordinário para os
Assuntos do Gabinete Civil.

(DOU de 11-10-1968, p. 8.920)

CIRCULAR N. 4, DE 21 DE MAIO DE 1968.

De ordem do Excelentíssimo Senhor Presidente da República, recomendo aos Senhores Ministros de Estado que determinem providências no sentido de serem prestadas, rigorosamente dentro do prazo estabelecido, as informações solicitadas para defesa da União em mandados de segurança impetrados contra ato presidencial.

2. Recomenda-se, outrossim, que a coleta das informações seja coordenada pelo Gabinete do Ministro em Brasília, que se responsabilizará pela observância do prazo legal.

3. O texto original das informações, nas quais constará, sempre que possível, pronunciamento do órgão setorial de assessoria jurídica, deverá ser imediatamente transmitido à Presidência da República, para o devido encaminhamento ao Excelentíssimo Senhor Presidente do Supremo Tribunal Federal.

Rondon Pacheco,
Ministro Extraordinário para os
Assuntos do Gabinete Civil.

(DOU de 22-5-1969, p. 4.350)

CIRCULAR N. 7, DE 9 DE DEZEMBRO DE 1969.

A fim de obter-se a necessária uniformidade nos textos dos atos submetidos à assinatura do Senhor Presidente da República e de ordem de Sua Excelência, recomendo aos Senhores Ministros de Estado e dirigentes dos órgãos de assessoramento a que se refere o artigo 32 do Decreto-Lei n. 200, de 25 de fevereiro de 1967, que, ao encaminharem projetos de decretos executivos ou decretos pessoais de nomeação, exoneração, designação, dispensa, retificação e alteração de texto, o façam com estrita observância dos modelos anexos.

João Leitão de Abreu,
Ministro Extraordinário para os
Assuntos do Gabinete Civil.

(*Normas sobre correspondência, comunicação e atos oficiais* – MEC, 1972)

CIRCULAR N. 2, DE 23 DE JANEIRO DE 1941.

Tendo em vista a aprovação exarada pelo Excelentíssimo Senhor Presidente na Exposição n. 2.240, de 13 de dezembro findo, do Departamento Administrativo do Serviço Público, solicito de Vossa Excelência as necessárias ordens no sentido de ser proibido aos chefes de serviço e demais funcionários desse Ministério o uso de papel oficial na respectiva correspondência e trabalhos particulares.

Luís Vergara,
Secretário da Presidência.

(Revista do Serviço Público)

CIRCULAR N. 50, DE 31 DE MAIO DE 1973.

Estabelece o valor da cabeça de gado bovino e da arroba de lã, para efeitos de cobrança da Taxa de Cooperação.

O DIRETOR-GERAL DO TESOURO DO ESTADO, no uso de suas atribuições, comunica aos Senhores Exatores que, de conformidade com a Portaria n. 1.358, desta data, do Excelentíssimo Senhor Secretário da Fazenda, foram estabelecidos, para o corrente exercício, os valores de R$ 160,00 (cento e sessenta reais) por cabeça de gado bovino, e de R$ 69,00 (sessenta e nove reais) para a arroba de lã, para bases de cálculo da Taxa de Cooperação, a que se refere o Decreto n.16.466, de 7 de fevereiro de 1964.

Fulano de Tal,
Diretor-Geral Substituto.

(Dos arquivos da Secretaria Estadual da Fazenda do RS)

9 – Contrato

9.1 – Conceito

De forma sintética, Clóvis Beviláqua conceitua o contrato nestes termos: "Contrato é o acordo de vontade para o fim de adquirir, resguardar, modificar ou extinguir direitos".

"*Contrato administrativo* é todo aquele que a Administração Pública, agindo nessa qualidade, firma com o particular ou com outra entidade administrativa, para a realização do serviço, execução de obra, ou obtenção de qualquer outra prestação de interesse público, nas condições estabelecidas pela própria Administração." (Hely Lopes Meirelles – *Direito administrativo brasileiro*)

9.2 – Características

a) Participação da Administração como Poder Público. O Estado intervém no contrato com seu "ius imperii",[1] com supremacia de vontade sobre a outra parte.

b) A finalidade contratual é sempre um serviço de interesse coletivo ou uma obra pública. O Estado, ao participar do contrato, age "publicae utilitatis causa".[2]

Nota – Há um sem-número de tipos de contratos, tais como: acessório, administrativo, antenupcial, de adesão, de aluguel, de empreitada, de edição, de locação, de trabalho, judicial, mercantil (ou comercial), sinalagmático (= contrato bilateral perfeito); etc.

9.3 – Formalidades

Para a validade dos atos administrativos, a formalização dos contratos deve obedecer a determinadas normas, como as estabelecidas nos artigos 60 e 61 da Lei n. 8.666-93, que regulamenta o art. 37, inciso XXI, da

---

1 *Ius imperii*: direito de mandar, de exercer autoridade ou soberania.

2 Em razão (em nome) da utilidade pública.

Constituição da República, que institui normas para licitações e contratos da Administração Pública e dá outras providências:

"Art. 60. Os contratos e seus aditamentos serão lavrados nas repartições públicas interessadas, as quais manterão arquivo cronológico dos seus autógrafos e registro sistemático do seu extravio, salvo os direitos reais sobre imóveis, que se formalizam por instrumento lavrado em cartório de notas, de tudo juntando-se cópia no processo que lhe deu origem. *Parágrafo único.* É nulo e de nenhum efeito o contrato verbal com a Administração, salvo o de pequenas compras e de pronto pagamento, assim entendidas aquelas de valor não superior a 5% (cinco por cento) do limite estabelecido no art. 23, inciso II, alínea *'a'*, desta Lei [convite até R$ 80.000,00 (oitenta mil reais)], feitas em regime de adiantamento. Art. 61. Todo contrato deve mencionar o nome das partes e os de seus representantes, a finalidade, o ato que autoriza a sua lavratura, o número do processo de licitação, da dispensa ou da inexigibilidade, a sujeição dos contratantes às normas desta Lei e às cláusulas contratuais. *Parágrafo único.* A publicação resumida do instrumento de contrato ou de seus aditamentos na Imprensa Oficial, que é condição indispensável para sua eficácia, será providenciada pela Administração até o quinto dia útil do mês seguinte ao de sua assinatura, para ocorrer no prazo de vinte dias daquela data, qualquer que seja o seu valor, ainda que sem ônus, ressalvado o disposto no artigo 26 desta Lei."

9.4 – Cláusulas

9.4.1 – Cláusulas necessárias ou essenciais

A Lei n. 8.666-93, em seu artigo 55, arrola, em treze incisos, a cláusulas que considera necessárias em todo contrato administrativo São cláusulas imprescindíveis para a existência e validade do contrato, constituindo sua base e fundamento:

"I – o objeto e seus elementos característicos;

II – o regime de execução ou a forma de fornecimento;

III – o preço e as condições de pagamento, os critérios, data-base e periodicidade do reajustamento de preços, os critérios de atualização monetária entre a data do adimplemento [cumprimento] das obrigações e a do efetivo pagamento;

IV – os prazos de início de etapas de execução, de conclusão, de entrega, de observação e de recebimento definitivo, conforme o caso;

V – o critério pelo qual correrá a despesa, com a indicação da classificação funcional-programática e da categoria econômica;

VI – as garantias oferecidas para assegurar sua plena execução, quando exigidas;

VII – os direitos e as responsabilidades das partes, as penalidades cabíveis e os valores das multas;

VIII – os casos de rescisão;

IX – o reconhecimento dos direitos da Administração, em caso de rescisão administrativa prevista no artigo 77 desta Lei [caso de inexecução total ou parcial do contrato];

X – as condições de importação, a data e a taxa de câmbio para conversão, quando for o caso;

XI – a vinculação ao edital de licitação ou ao termo que a dispensou ou inexigiu, ao convite e à proposta do licitante vencedor;

XII – a legislação aplicável à execução do contrato e especialmente os casos omissos;

XIII – a obrigação do contratado de manter, durante toda a execução do contrato, em compatibilidade com as obrigações por ele assumidas, todas as condições de habilitação exigidas na licitação."

9.4.2 – Cláusulas acessórias

Cláusulas acessórias, ou acidentais, são as que dependem, para sua existência, de um a cláusula principal, que dispõe sobre a matéria do contrato, vêm unidas e jungidas à principal e estão subordinadas a ela. Podem ser relativas, por exemplo, à prestação de garantia (art. 56 da Lei n. 8.666-93).

9.5 – Partes

a) *Título* – Termo de Contrato.

b) *Ementa* – resumo do assunto do contrato. É colocada no alto da página, à direita, digitada em espaço simples.

c) *Introdução* – data (dia, mês e ano) e local em que é firmado o contrato, seguindo-se os nomes e a qualificação dos contratantes.

d) *Cláusulas contratuais*, que contêm a matéria específica do contrato. Podem ser divididas, se necessário, em parágrafos e alíneas. Como já foi visto, as cláusulas dividem-se em essenciais e acessórias.

e) *Termo*, ou *fecho*.

f) *Local* e *data* da assinatura do contrato.

g) *Assinatura* dos contratantes e das testemunhas. Os contratantes assinam à direita; as testemunhas, à esquerda, abaixo dos contratantes.

9.6 – Alterações contratuais

Qualquer modificação em termos de contrato é feita mediante *Termo Aditivo,* cuja estrutura é igual à do contrato (Termo de Contrato).

9.7 – Modelos

TERMO DE CONTRATO

Termo de Contrato celebrado entre o Departamento de Administração do Ministério da Educação e Cultura e a firma CIEL – Construtora e Incorporadora Eldorado S. A., para ampliação e reforma da sobreloja do edifício-sede do mesmo Ministério, em Brasília.

Aos dezesseis dias do mês de outubro de mil novecentos e setenta e dois, no Gabinete do Diretor do Departamento de Administração do Ministério da Educação e Cultura, aquele Departamento, representado pelo seu Diretor, Senhor Vinicius Martins de Oliveira Melo, denominado simplesmente Contratante, e a firma CIEL – Construtora e Incorporadora Eldorado S. A., doravante denominada simplesmente Contratada, neste ato representada pelos bastantes procuradores Antônio Carlos Lapa Berenguer e Antônio Manuel do Rego Maia, brasileiros, casados, Engenheiros Civis, tendo em vista a homologação da Tomada de Preços n. 05-72, pelo Diretor do Departamento de Administração do Ministério da Educação e Cultura, conforme Processo n. 246.198-72, lavrou-se o presente Contrato, mediante as cláusulas e condições seguintes:

Da Adjudicação

Cláusula Primeira – Os serviços contratados foram adjudicados à Contratada em virtude da aprovação da Tomada de Preços n. 5-72, realizada no dia 2 de outubro de 1972, tendo em vista o parecer da Comissão Permanente de Licitação de Obras, constante no já citado processo, ficando acertado que a Comissão de Edifícios e Instalações se incumbirá do acompanhamento e supervisão dos serviços, por delegação do Contratante.

Do Objeto do Contrato

Cláusula Segunda – O objeto do presente Contrato é a reforma e ampliação, por empreitada global, da sobreloja do edifício-sede do MEC, em Brasília (DF), de acordo com o projeto e especificações constantes no Processo n. 246.198-72, que será fornecido à Contratada, e que faz parte integrante deste Contrato, independente de transcrição.

Da Caução

Cláusula Terceira – Para assinatura do Contrato, a Contratada deverá depositar no Banco do Brasil S. A., a título de caução, em nome do Departamento de Administração do Ministério de Educação e Cultura, em moeda corrente no País, ou em Títulos da Dívida Pública, importância equivalente a cinco por cento do valor global do Contrato, destinada a garantir a execução do Contrato de Empreitada, e será levantada mediante autorização do Contratante, quando da assinatura do Termo de Recebimento Definitivo.

Cláusula Quarta – ....

....

Do Valor do Contrato

Cláusula Quinta – O preço global do Contrato para execução das obras objeto deste Contrato é de R$ 755.897,36 (setecentos e cinquenta e cinco mil, oitocentos e noventa e sete reais e trinta e seis centavos).

Cláusula Sexta – O custeio das despesas decorrentes das obrigações deste Contrato, por parte do MEC, correrá por conta da rubrica 4.1.1.0 – Obras Públicas do Departamento de Administração (Empenho – Despesa n. 739-72) pelos valores e etapas de serviços executados de acordo com o Cronograma Físico-Financeiro que fará parte integrante deste Contrato, independente de transcrição, ficando esclarecido que a última parcela só será paga após a conclusão dos serviços e o recebimento da obra, que será feito por intermédio da Comissão de Engenheiros nomeada pelo Diretor da Divisão de Edifícios e Instalações, por delegação do Contratante.

Subcláusula única – Para o recebimento das parcelas no Cronograma, a Contratada emitirá faturas contra o Departamento de Administração do Ministério da Educação e Cultura, que serão liquidadas pelo referido Departamento, depois de atestadas pela Fiscalização, após a constatação do término das etapas previstas no Cronograma Físico-Financeiro apresentado pela Contratada e constante no processo já referido, que fica fazendo parte integrante deste Contrato.

Do Reajustamento

Cláusula Sétima – O preço proposto para execução da obra de que trata o presente Contrato será reajustado de conformidade com a lei.

Das Obrigações

Cláusula Oitava – A Contratada obriga-se a fornecer ao Contratante o documento de aprovação expedido pelos órgãos competentes, cujas despesas decorrentes correrão por sua conta.

Dos Prazos

Cláusula Nona – O prazo global para a execução do serviço será de cento e vinte dias corridos, a contar do quinto dia após o recebimento da ordem de serviço a ser expedida pelo Contratante, por intermédio da Divisão de Edifícios e Instalações, após a publicação do Contrato no Diário Oficial da União.

Cláusula Décima – A Contratada se obriga a desenvolver os serviços de modo a atender à aplicação do Cronograma Físico-Financeiro constante em sua proposta e, caso não estejam concluídos os serviços correspondentes aos prazos parciais, ficará sujeita à multa fixada na Cláusula Décima Segunda.

Das Multas

Cláusula Décima Primeira – A Contratada fica sujeita à multa de cinco centésimos por cento do preço global do serviço por dia que eventualmente venha a exceder ao prazo estabelecido na Cláusula Nona.

Cláusula Décima Segunda – Ficará igualmente a Contratada sujeita à multa de cinco centésimos por cento do valor da respectiva etapa de trabalho por dia de excesso que ocorrer em cada um dos prazos parciais estabelecidos no Cronograma.

Cláusula Décima Terceira – . . . .

Cláusula Décima Quarta – . . . .

Cláusula Décima Quinta – . . . .

Cláusula Décima Sexta – . . . .

Cláusula Décima Sétima – . . . .

Cláusula Décima Oitava – . . . .

Cláusula Décima Nona – . . . .

Cláusula Vigésima – . . . .

Da Fiscalização

Cláusula Vigésima Primeira – A Divisão de Edifícios e Instalações fiscalizará a execução dos serviços através de um Engenheiro, cuja designação, pelo Diretor, será comunicada à Contratada.

Cláusula Vigésima Segunda – A Contratada obriga-se a proporcionar ao Engenheiro-Fiscal condições de livre trânsito, fornecendo-lhe todos os elementos para o livre exercício da Fiscalização, também se comprometendo a acatar-lhe as recomendações.

Das Responsabilidades

Cláusula Vigésima Terceira – A Contratada responderá pela solidez, segurança e perfeição dos serviços executados, nos termos do Código Civil Brasileiro, sendo ainda responsável por quaisquer danos pessoais ou materiais, inclusive contra terceiros, ocorridos durante a execução dos serviços ou deles decorrentes.

Cláusula Vigésima Quarta – A Contratada obriga-se ainda, na execução dos serviços contratados:

a) cumprir e fazer cumprir o que estabelece o artigo 544 da Consolidação das Leis do Trabalho;

b) submeter-se às normas gerais adotadas pelo Governo e a observar as normas técnicas da Associação Brasileira de Normas Técnicas (ABNT), no que for aplicável, e ao Decreto-Lei n. 52.147, de 25 de julho de 1953;

c) acatar as exigências da Fiscalização, assim como submeter-se às determinações do Engenheiro-Fiscal;

d) refazer qualquer serviço impugnado pela Fiscalização e efetuar a substituição de material impugnado, sem importar isso em novo ônus para o Ministério;

e) assumir a responsabilidade de todos os riscos enquanto a obra não for concluída, e recebida pelo Contratante, por intermédio da Divisão de Edifícios e Instalações;

f) fornecer, por escrito, ao Contratante, a qualificação do Engenheiro responsável pela execução das obras, bem como manter assistência permanente ao Engenheiro de sua designação, com o qual a Fiscalização se estenderá durante o período dos serviços, até o recebimento definitivo da obra.

Cláusula Vigésima Quinta – . . . .

Cláusula Vigésima Sexta – . . . .

Cláusula Vigésima Sétima – . . . .

Cláusula Vigésima Oitava – . . . .

Cláusula Vigésima Nona – . . . .

Da Rescisão

Cláusula Trigésima – O não cumprimento de qualquer das Cláusulas e condições deste Contrato, bem como dos preceitos e especificações dos documentos que o integram, poderá importar sua rescisão, a juízo do Contratante, ouvida a Divisão de Edifícios e Instalações.

Cláusula Trigésima Primeira – Fica estabelecido, ainda, que o Contratante poderá considerar rescindido o Contato, independentemente de qualquer aviso extrajudicial ou interpelação judicial, nos seguintes casos:

I – falência, concordata ou dissolução da Contratada;

II – interrupção do trabalho por mais de dez dias, sem motivos justificados, pela Contratada; e

III – em caso de transferência do Contrato, em todo ou em parte, sem prévia autorização do Contratante.

Cláusula Trigésima Segunda – O Contratante poderá, ainda, considerar rescindido o Contrato quando as multas por excesso de prazo atingirem, em qualquer momento, a cinquenta por cento do valor então existente em depósito e correspondente à caução efetuada.

Cláusula Trigésima Terceira – No caso de rescisão contratual pelos motivos especificados nas Cláusulas Trigésima e Trigésima Primeira, a Contratada perderá a caução em favor do Tesouro Nacional.

Cláusula Trigésima Quarta – Para dirimir quaisquer dúvidas advindas deste Contrato, fica eleito o foro de Brasília, Distrito Federal, renunciando as partes a qualquer outro, por mais privilegiado que seja.

Cláusula Trigésima Quinta – Este Contrato entra em vigor na data de sua publicação no Diário Oficial da União.

Inteiramente de acordo com as Cláusulas e condições estipuladas, lavrou-se o presente Contrato em cinco vias de igual teor, o qual, lido e achado conforme, é assinado pelas partes contratantes e pelas testemunhas.

Brasília (DF), 16 de outubro de 1972.

Vinicius Martins de Oliveira Melo,
pelo Contratante.

Antônio Carlos Berenguer,
Procurador da Contratada.

Antônio Manuel do Rego Maia,
Procurador da Contratada.

Testemunhas:

. . . .

. . . .

(DOU de 7-11-72, p. 9.860)

TERMO ADITIVO

Termo Aditivo ao Contrato celebrado aos nove dias do mês de junho de 1972 entre a Secretaria Executiva do Fundo Nacional de Desenvolvimento da Educação e a firma Burroughs Eletrônica Ltda., para os fins que especifica.

Aos quatro dias do mês de julho de mil, novecentos e setenta e dois, presentes, no Gabinete da Secretaria Executiva, a respectiva titular, Senhora Ecilda Ramos de Sousa, CPF 000558081, por parte da União, doravante denominada Locatária, e a firma Burroughs Eletrônica Ltda., estabelecida na cidade do Rio de Janeiro, Estado da Guanabara, na Rua Araújo Porto Alegre, n. 36, 8º andar, doravante denominada Locadora, neste ato representada pelo Senhor José Duarte Pereira Filho, CPF 000307401, Gerente da Burroughs Eletrônica Ltda., filial Brasília, Distrito Federal, localizada na C. S. 5, bloco C, lojas 168-72, perante as testemunhas instrumentárias, ajustaram entre si o presente Termo Aditivo, para locação por vinte e quatro meses, com opção para compra, de uma classificadora de cartões perfurados, de oitenta colunas, com as características contidas no Convite n. 100-72, que passa a fazer parte, integralmente, do presente Termo Aditivo.

Cláusula Primeira – O equipamento objeto do presente Termo Aditivo é compreendido por uma classificadora de cartões perfurados, de oitenta colunas, Burroughs, modelo A-131.

Cláusula Segunda – Pela execução do presente Termo Aditivo, a Locadora receberá, no ato da assinatura deste, R$ 8.158,33 (oito mil, cento e cinquenta e oito reais e trinta e três centavos), correspondentes aos encargos iniciais.

Cláusula Terceira – A partir da entrega do equipamento, a Locatária pagará à Locadora, até a última semana de cada mês, o aluguel de R$ 1.414,88 (um mil, quatrocentos e quatorze reais e oitenta e oito centavos).

Cláusula Quarta – A despesa com a execução do presente Termo Aditivo correrá à conta dos recursos consignados à Categoria Econômica 3. 0. 0. 0 – Despesas Correntes, 3. 1. 0. 0 – Despesas de Custeio, 3. 1. 3. 0 – Serviços de Terceiros, 3. 1. 3. 2 – Outras Despesas de Terceiros, e está empenhada sob o n. 191, de seis de junho de 1972.

Cláusula Quinta – O prazo de entrega do equipamento será de cento e oitenta dias, a partir da data da assinatura deste Termo Aditivo, sem que possa decorrer responsabilidade para a Locadora por atrasos motivados por causas independentes de sua vontade, quaisquer que sejam.

Cláusula Sexta – Excetuando-se as Cláusulas aditadas pelo presente instrumento, permanecem em vigor as demais Cláusulas do Contrato anteriormente assinado.

E, por se acharem de comum e perfeito acordo, assinam o presente Termo Aditivo, em três vias para um só efeito, perante as testemunhas abaixo nomeadas.

Brasília, 4 de julho de 1972.

Ecilda Ramos de Sousa,
Secretária Executiva do FNDE.

José Duarte Pereira Filho,
Burroughs Eletrônica Ltda.

Testemunhas:
José Aunel Dumas
Nélson de Oliveira

(DOU de 9-11-72, p. 9.998)

TERMO DE CONTRATO

Termo de Contrato entre o Instituto Nacional de Estudos e Pesquisas Educacionais (INEP) e o Professor Antônio Ferreira Cesarino Júnior, para prestação de Serviços Técnicos Especializados.

Entre o Instituto Nacional de Estudos e Pesquisas Educacionais, do Ministério da Educação e Cultura, representado por seu Diretor-Geral, e neste instrumento designado simplesmente Instituto, e o Professor Antônio Ferreira Cesarino Júnior, brasileiro, casado, residente na Avenida São Luís, 43 – 15º – SP – Capital, doravante designado Técnico, com apoio no art. 126, § 2º, alínea "d", do Decreto-Lei n. 200, de 25-2-67, fica ajustado, mediante as cláusulas enunciadas, o presente Contrato, para execução de trabalhos de consultoria sobre a legislação relativa à criança excepcional, necessários à montagem do Projeto Educação Especial, a cargo do Grupo-Tarefa instituído pela Portaria n. 86, de 23 de maio de 1972 (Diário Oficial de 26-6-1972).

Cláusula Primeira – O objeto do presente Contrato corresponde à execução, por parte do Técnico, dos seguintes trabalhos:

I – levantamento da legislação vigente, tanto federal como estadual e municipal, relativa aos excepcionais super e subdotados, em todas as suas modalidades, abrangendo, inclusive, as áreas de educação, saúde e trabalho;

II – emitir parecer sobre a situação do excepcional, em face da legislação brasileira.

Cláusula Segunda – O Técnico obriga-se a realizar os trabalhos no período de dois meses a partir da assinatura do contrato, devendo fazer entregá-los à Professora Nise Pires, Gerente do Grupo-Tarefa instituído pela Portaria n. 86, de 23 de maio de 1972, no Centro Brasileiro de Pesquisas Educacionais, do Instituto, sito na Rua Voluntários da Pátria, 107, Botafogo – GB.

Cláusula Terceira – O Técnico obriga-se, também, a participar da reunião, em data e local a serem previamente comunicados, para debates e fornecimento de elementos conclusivos, com vista a:

I – alteração da legislação vigente ou, se for o caso, elaboração de um novo texto legal regulando a matéria em causa;

II – apresentação de justificativa de ordem legal para as alterações propostas ou para o novo texto.

Cláusula Quarta – Pela execução dos trabalhos a que se refere a Cláusula Primeira, o Instituto obriga-se a pagar ao Técnico a importância de R$ 25.000,00 (vinte e cinco mil reais), sendo cinquenta por cento na data da apresentação do levantamento da legislação vigente, de que trata o item I da Cláusula Primeira, e os restantes cinquenta por cento após o término dos serviços contratados.

Cláusula Quinta – No preço global referido na cláusula anterior, estão incluídos os honorários do Técnico, bem como todos os ônus ou encargos incidentes sobre os serviços ora contratados ou decorrentes de sua execução.

Cláusula Sexta – A despesa prevista na Cláusula Quarta correrá à conta do elemento 3.2.7.2 – 02, previsto no Plano de Aplicação dos recursos do FNDE, atribuídos ao Instituto, Empenho n. 86, de 26-9-72.

Cláusula Sétima – Sem prejuízo da rescisão do presente Contrato, por inadimplência de qualquer de suas obrigações, ou do cumprimento fora do modo aqui convencionado, com a consequente reparação de perdas e danos sofridos pelo Instituto, ficará o Técnico sujeito à multa moratória de um por cento, calculada sobre o valor total estabelecido na Cláusula Quarta, por dia que exceder o prazo-limite fixado na Cláusula Segunda.

A multa será deduzida, automaticamente, da última parcela a que se refere a Cláusula Quarta "in fine".

Cláusula Oitava – Fica eleito o foro da cidade do Rio de Janeiro, Estado da Guanabara, para dirimir quaisquer controvérsias originadas do presente Contrato.

E, por estarem assim justos e contratados, firmam o presente instrumento em três vias de igual teor, na presença de duas testemunhas.

Rio de Janeiro (GB), ... de . . . . de . . . . .

Ayrton de Carvalho Mattos,
Diretor do INEP.

Antônio Ferreira Cesarino Júnior

Testemunhas:

. . . .

. . . .

(DOU de 10-1-1973, p. 308)

10 – Convênio

10.1 – Conceito

"O *convênio* é o ato administrativo complexo em que uma entidade pública acorda com outra ou outras entidades, públicas ou privadas, a realização de obra ou serviço público de competência da primeira." (Diogo de Figueiredo Moreira Neto – *Curso de direito administrativo*)

"Define-se o convênio como forma de ajuste entre o Poder Público e entidades públicas ou privadas para a realização de objetivos de interesse comum, mediante mútua colaboração." (Maria Sylvia Zanella – *Direito administrativo*)

10.2 – Generalidades

O convênio não constitui modalidade de contrato; é, isto sim, mero acordo. Nele há partícipes – *convenentes* – que propugnam por objetivos de interesses comuns. Podem participar dos convênios pessoas públicas de qualquer espécie, ou pessoas públicas e pessoas privadas, físicas ou jurídicas. É indispensável, no entanto, que um dos partícipes seja pessoa pública, pois, do contrário, não se trataria de convênio administrativo. O convênio pode ter por objeto qualquer objetivo (obra, serviço, atividade, etc.), desde que encarne um interesse público, o qual, todavia, pode coexistir com um interesse particular. A instituição do convênio formaliza-se por termo (Veja modelo.).

10.3 – Partes

Do ponto de vista redacional, a estrutura do Convênio é semelhante à do Contrato, já anteriormente apresentada (p. 94 e ss.), razão por que se torna desnecessário repeti-la aqui.

10.4 – Modelos

TERMO DE CONVÊNIO

Convênio que entre si estabelecem o Departamento de Educação Complementar (DEC) e o Programa de Expansão e Melhoria do Ensino (PREMEN), ambos do Ministério da Educação e Cultura, para uma ação conjunta na área da Transamazônica na construção de um Centro de Treinamento Profissional.

O Departamento de Educação Complementar, representado neste ato pelo seu Diretor-Geral, Professor José Dutra de Castro, de um lado, de outro lado o Programa de Expansão e Melhoria do Ensino, representado pelo seu Coordenador, Professor Pery Porto, firmam o presente Convênio, mediante adoção das Cláusulas seguintes:

Cláusula Primeira – O DEC transferirá ao PREMEN recursos financeiros no valor de R$ 1.750.000,00 (um milhão, setecentos e cinquenta mil reais), como parcela inicial, para elaboração do projeto e execução da construção, pelo PREMEN, de um Centro de Treinamento Profissional na cidade de Altamira, Estado do Pará, de acordo com o projeto elaborado para esse fim, em conjunto com o DEC/DEM/PIPMO/CENAFOR.

Parágrafo único – A complementação dos recursos será efetuada com dotações previstas para 1973, de acordo com o Plano de Aplicação previsto na Cláusula Quarta.

Cláusula Segunda – Os encargos previstos na Cláusula anterior correrão por conta do Programa 55.02.09.07.1038 – Projetos de Alfabetização e Educação Concentrada da Educação – Exercício de 1972.

Cláusula Terceira – Os recursos financeiros serão aplicados de acordo com a discriminação a seguir:

Projeto – 55.02.09.07.1038

Elemento – 4.1.2.0

Elaboração e execução do Projeto de Construção: R$ 1.750.000,00

Cláusula Quarta – Os recursos serão empregados de acordo com o Plano de Aplicação a ser aprovado pelo DEC e que integrará o presente Convênio por Termo Aditivo.

Cláusula Quinta – A dotação do Projeto, anteriormente relacionado, acha-se empenhada no DEC com as seguintes características:

Elemento – 4.1.2.0

Nota de Empenho n. 231, de 12 de dezembro de 1972.

Cláusula Sexta – As licitações implícitas no presente Convênio serão elaboradas de acordo com o Decreto-Lei n. 200-67, e a Prestação de Contas será encaminhada até o término da vigência do presente, conforme instruções do DEC.

Cláusula Sétima – Os recursos previstos neste Convênio serão creditados na conta n. . . . ., do Banco do Brasil, em nome do PREMEN – Programa de Expansão e Melhoria do Ensino.

Cláusula Oitava – O presente Termo terá vigência até 30 de novembro de 1973, podendo ser prorrogado após aprovação do DEC.

E, por estarem de pleno acordo com as Cláusulas e condições anteriores, firmam o presente, perante as testemunhas a seguir.

Brasília, 12 de dezembro de 1972.

Paulo José Dutra de Castro,
Diretor-Geral do Departamento de
Educação Complementar.

Pery Porto,
Coordenador do Programa de
Expansão e Melhoria do Ensino.

Testemunhas:

. . . .

. . . .

(DOU de 5-1-1973, p. 174)

TERMO ADITIVO

Termo Aditivo ao Convênio celebrado entre o Departamento de Educação Física e Desportos, do Ministério da Educação e Cultura, a Secretaria de Educação e Cultura do Estado de Pernambuco, e o Clube Náutico Capibaribe, na forma abaixo.

Aos vinte dias do mês de dezembro de mil, novecentos e setenta e dois, presentes, no Departamento de Educação Física e Desportos, o Cel. Eric Tinoco Marques, seu Diretor, e o Professor Nílton Agra Vasconcelos Galvão, Procurador da Secretaria de Educação e Cultura do Estado de Pernambuco e do Clube Náutico Capibaribe, foi celebrado o presente Termo Aditivo ao Convênio celebrado em 20-6-72, com vista à inclusão das Cláusulas a seguir:

Cláusula Primeira – Fica o Convênio original acrescido das seguintes Cláusulas:

Cláusula Décima Segunda – O montante de recursos a ser repassado pelo Departamento de Educação Física e Desportos, previsto nas Cláusulas Primeira e Terceira, fica alterado para R$ 49.099,89 (quarenta e nove mil, noventa e nove reais e oitenta e nove centavos).

Cláusula Segunda – Continuam em vigor todos os demais termos do Convênio original.

E, para validade e como prova do que ficou convencionado, foi lavrado este Termo, que vai assinado pelos representantes das partes convenentes e por duas testemunhas, para que produza os legítimos efeitos de direito.

Brasília, 20 de dezembro de 1972.

Eric Tinoco Marques
Nílton Agra Vasconcelos Galvão

Testemunhas:

Sidney de Castro Véras

Marília Paes Leme de Castro

(DOU de 5-1-73, p. 171)

11 – Decreto

11.1 – Conceito

"*Decretos*, em sentido próprio e restrito, são atos administrativos da competência exclusiva dos chefes do Executivo, destinados a prover situações gerais ou individuais, abstratamente previstas de modo expresso, explícito ou implícito pela legislação." (Hely Lopes Meirelles – *Direito administrativo brasileiro*)

Nota – Em razão da finalidade desta obra, aqui se tratará apenas dos decretos executivos propriamente ditos, sem fazer alusão, portanto, aos assim chamados *decretos de urgência* (expedidos, por exemplo, no caso de agressão estrangeira, quando verificada no intervalo das sessões legislativas), *aos decretos-leis* (formas híbridas de lei e decreto) nem aos *decretos legislativos* (atos de caráter administrativo das casas legislativas, sobre assuntos de sua competência privativa).

11.2 – Objeto

Segundo ensina José Cretella Júnior (*Tratado de direito administrativo*, vol. II, p. 139), "os decretos executivos têm por objeto:

a) pôr em execução uma disposição legal;

b) estabelecer medidas gerais para cumprimento da lei;

c) providenciar sobre matéria de ordem funcional;

d) resolver sobre interesse da Administração;

e) decidir sobre algum interesse de ordem privada, que se prenda ao da Administração;

f) criar, modificar, limitar ou ampliar uma situação jurídica;

g) organizar, reformar ou extinguir serviços públicos dentro da competência do Poder Executivo."

11.3 – Tipos

Tendo em vista o caráter de suas disposições ou de sua matéria, os decretos executivos costumam ser divididos em dois tipos:

11.3.1 – Decretos regulamentares

Sao, conforme ensina Hely Lopes Meirelles (*Direito administrativo brasileiro*), os que visam a "explicar a lei e facilitar a sua execução, aclarando seus mandamentos e orientando a sua aplicação". Expressam regras jurídicas gerais e abstratas, de caráter impessoal. Sempre são numerados.

11.3.2 – Decretos individuais ou coletivos

São os relativos a situações funcionais, podendo abranger um (decreto individual) ou mais (decreto coletivo) servidores. Não são, geralmente, numerados.

11.4 – Partes

a) *Numeração* (classificação) – denominação, número e data de expedição do decreto.

Como já foi dito, os decretos referentes a situações funcionais (que, em determinadas administrações estaduais, se substituem por *atos*) não são, geralmente, numerados.

b) *Ementa* – resumo da matéria do decreto. É digitada em espaço simples, a partir do meio em direção à direita do papel. Não costuma aparecer nos decretos de ordem funcional.

c) *Título* (preâmbulo) – denominação completa (em caracteres maiúsculos, de preferência) da autoridade executiva que expede o ato.

d) *Fundamentação* – citação do dispositivo legal em que se apoia a decisão, seguida da palavra *decreta*. Em decretos de ordem funcional, a forma *decreta* é substituída por *resolve*, seguida do verbo que indica especificamente a matéria do ato: tornar sem efeito, designar, declarar, etc.

Em muitos decretos numerados, após a citação do dispositivo legal em que se fundamenta o decreto, aparecem os *considerandos*. Trata-se de considerações cuja finalidade é justificar a expedição do ato respectivo.

e) *Texto* – exposição do conteúdo do decreto. É constituído de tantos artigos quantos forem necessários, todos numerados. Do 1º ao 9º, a numeração é *ordinal* (1º, 2º, 3º, ... 9º), e, de dez em diante, cardinal (10, 11, 12, ...). Os artigos podem conter parágrafos, itens e alíneas. Ocorrendo a expressão *parágrafo único*, ela deve ser grafada por extenso. Quando se tratar de parágrafos numerados, usar-se-á o símbolo próprio (§): § 1º, etc.

f) *Local e data* – Local (Brasília) ou sede do Executivo (Palácio Piratini) e data de expedição do decreto. Nos atos do Presidente da República, a data é representada com o acréscimo de anos a partir da Independência

do Brasil (1822) e da Proclamação da República (1889). Por exemplo: *Brasília, 24 de março de 2005; 184º da Independência e 117º da República.*

g) *Assinatura* do Chefe do Governo e *referenda*[1] de um ou mais Ministros ou Secretários de Estado.

([1]) *Referenda* é forma latina do particípio futuro passivo plural neutro *referendus, -nda, -ndum* e significa a assinatura de uma autoridade junto à de outra, para dar autenticidade a um documento. Existe a forma aportuguesada *referendo.* Com significação assemelhada à de *referenda,* designa a assinatura do Ministro de Estado após a do Chefe do Governo, nos atos expedidos por este e que devem trazer também a assinatura ou assinaturas dos Ministros.

11.5 – Modelos

DECRETO N. 71.464, DE 1º DE DEZEMBRO DE 1972.

Outorga concessão à Universidade Federal do Rio Grande do Norte para estabelecer, na cidade de Natal, Estado do Rio Grande do Norte, uma estação de radiodifusão de sons e imagens (televisão), com fins exclusivamente educativos.

O Presidente da República, usando das atribuições que lhe confere o artigo 81, inciso III, combinado com o artigo 8º, inciso XV, alínea "a", da Constituição, e tendo em vista o que consta no Processo MC n. 1.230-70, decreta:

Art. 1º Fica outorgada à Universidade Federal do Rio Grande do Norte, nos termos do artigo 14 do Decreto-Lei n. 236, de 28 de fevereiro de 1967, e artigo 28 do Regulamento dos Serviços de Radiodifusão, aprovado pelo Decreto n. 52.795, de 31 de outubro de 1963, concessão para instalar, na cidade de Natal, Estado do Rio Grande do Norte, sem direito de exclusividade, uma estação de radiodifusão de sons e imagens (televisão), com fins educativos, sem objetivo comercial, utilizando o canal 5.

Parágrafo único. O contrato decorrente desta concessão obedecerá às cláusulas que com este se baixam, rubricadas pelo Secretário-Geral do Ministério das Comunicações, e deverá ser assinado dentro de sessenta dias a contar da data da publicação deste Decreto no Diário Oficial da União, sob pena de se tornar nulo, de pleno direito, o ato da outorga.

Art. 2º Revogam-se as disposições em contrário.

Brasília, 1º de dezembro de 1972; 151º da Independência e 84º da República.

Emílio G. Médici
Hygino C. Corsetti

DECRETO N. 71.291, DE 31 DE OUTUBRO DE 1972.

Atribui competência ao Ministro da Educação e Cultura para designar Reitor ou Diretor "pro tempore"* de instituições de ensino, nas condições que menciona.

O Presidente da República, usando da atribuição que lhe confere o artigo 81, inciso V, da Constituição, decreta:

Art. 1º Além dos casos previstos nos artigos 48 da Lei n. 5.540, de 28 de novembro de 1968, e 14, § 2º, do Decreto-Lei n. 464, de 11 de fevereiro de 1969, poderá o Ministro da Educação e Cultura designar Reitor ou Diretor "pro tempore", para as instituições de ensino superior mantidas pela União, quando, por qualquer momento, estiverem vagos os cargos respectivos, não havendo substituto legal nem condições para provimento regular imediato.

Art. 2º O mandato dos Reitores ou Diretores "pro tempore", de que trata o artigo anterior, se estenderá pelo prazo necessário à investidura regular dos dirigentes nomeados em caráter permanente.

Art. 3º Este Decreto entrará em vigor na data de sua publicação, aplicando-se às instituições de ensino superior que, nessa data, estiverem nas condições previstas no artigo 1º.

Art. 4º Revogam-se as disposições em contrário.

Brasília, 31 de outubro de 1972; 151º da Independência e 84º da República.

Emílio G. Médici
Confúcio Pamplona

* *Pro tempore* é locução latina com o significado de: interinidade de alguém em determinado cargo; exercício temporário, transitório, circunstancial de um cargo ou função.

DECRETO N. 22.483, DE 18 DE JUNHO DE 1973.

Declara ponto facultativo.

O GOVERNADOR DO ESTADO DO RIO GRANDE DO SUL, no uso de atribuição que lhe confere o art. 66, inciso IV, da Constituição do Estado e em consideração à festa religiosa do Corpo e Sangue de Cristo,

DECRETA:

Art. 1º Será de ponto facultativo, em todas as repartições e estabelecimentos públicos estaduais integrantes da administração direta, o dia 21 de junho de 1973.

Art. 2º Os serviços considerados essenciais não se suspenderão por efeito do disposto no artigo anterior.

Art. 3º Fica o dirigente máximo de cada entidade da administração indireta autorizado a facultar o ponto do dia mencionado no art. 1º aos funcionários em exercício nela.

Art. 4º Este Decreto entrará em vigor na data de sua publicação, revogadas as disposições em contrário.

Palácio Piratini, 18 de junho de 1973.

Euclides Triches,
Governador do Estado.

(Segue nominata de todos os Secretários de Estado.)

DECRETO DE 18 DE MAIO DE 1973

O VICE-PRESIDENTE DA REPÚBLICA, no exercício do cargo de Presidente da República, tendo em vista o que consta no Processo n. 54.303, de 1973, do Ministério da Justiça, resolve:

CONCEDER EXONERAÇÃO:

de acordo com o artigo 75, inciso I, da Lei n. 1.711, de 28 de outubro de 1952, a MAURÍCIO MARTINS, matrícula n. 2.324.278, do cargo, que ocupa, de Inspetor de Polícia Federal, classe A – nível 21, do Quadro de Pessoal – Parte Permanente, do Departamento de Polícia Federal, do Ministério da Justiça.

Brasília, 18 de maio de 1973; 152º da Independência e 85º da República.

Augusto Hamann Rademaker Grüenwald
Alfredo Buzaid

DECRETO DE 7 DE MAIO DE 1973

O PRESIDENTE DA REPÚBLICA, tendo em vista o que consta no Processo n. 408.140-70, do Ministério da Fazenda, resolve:

CONCEDER:

a Medalha-Prêmio criada pelo Decreto n. 51.061, de 27 de julho de 1961, a THALMA CÉSAR DE BERREDO, Classificador de Produtos Animais e Vegetais, P-602-16-C, matrícula n. 1.151.165, aposentado do Quadro de Pessoal do Ministério da Agricultura, por ter completado cinquenta anos de serviço público, nas condições estabelecidas pelo citado Decreto.

Brasília, 7 de maio de 1973; 152º da Independência e 85º da República.

Emílio G. Médici
L. F. Cirne Lima

12 – Despacho

12.1 – Conceito

"*Despacho* é a decisão proferida pela autoridade administrativa no caso submetido à sua apreciação, podendo ser *favorável* ou *desfavorável* à pretensão solicitada pelo administrado, funcionário ou não." (José Cretella Júnior – *Tratado de direito administrativo*, vol. II, p. 136)

Notas

1ª – O despacho administrativo, embora tenha aparência e conteúdo jurisdicional, não deixa de ser um ato administrativo. Não se confunde, portanto, com as decisões judiciárias, que são as que os juízes e tribunais do Poder Judiciário proferem no exercício da jurisdição que lhes é conferida pela Soberania Nacional.

2ª – "Cumpra-se", conforme registra De Plácido e Silva em seu *Vocabulário jurídico* [registro bibliográfico completo no final deste livro], é a denominação que se dá ao despacho exarado pelo juiz, numa petição apresentada em Juízo, em razão do qual se executam os pedidos nela insertos.
"Cumpra-se", prossegue o mesmo autor, em novo parágrafo, é também ordem de autoridade jurídica, que se exara em papéis ou documentos que devem ser encaminhados, somente em virtude de sua determinação.

12.2 – Constituição e redação

Os despachos podem constituir-se de uma palavra ou locução (*Aprovo*, *Autorizo*, *Indefiro*, etc.), de duas (*De acordo*, etc.) ou de muitas.

"*De acordo* é forma pouco expressiva de despacho. É preferível que o despacho esclareça, logo, com o que a autoridade está de acordo e qual a consequência disso: *De acordo com o parecer, indeferido.* É que na maioria das vezes o interessado não tem oportunidade de manusear o processo e toma conhecimento da decisão apenas por meio do Diário Oficial, sem condições, portanto, para verificar com o que ficou de acordo a autoridade e qual sua decisão final." (Edegard Gomes – *Manual de redação*)

12.3 – Partes

São, em atos mais complexos, as seguintes:

a) *Número* do processo e do parecer a que se refere o despacho, quando divulgado em órgão oficial. O parecer pode deixar de ser mencionado.

b) *Título* – denominação do documento, especialmente quando divulgado em órgão oficial.

c) *Texto* – teor da decisão.

d) *Data* (dia, mês e ano), precedida do *local* e/ou *sigla* do órgão.

e) *Assinatura* – nome e cargo ou função da autoridade que exara o despacho.

12.4 – Modelos

DESPACHO

Proponho a restituição do processo ao Ministério da Educação e Cultura, esclarecendo que o instituto do afastamento para missão ou estudo no Exterior não se aplica ao pessoal temporário de que trata o Capítulo VI da Lei n. 3.780, de 12 de junho de 1960, uma vez que tal servidor é regido pela legislação trabalhista.

. . . ., em . . . . . de . . . . de . . . . .

. . . .

Processo . . . .

Parecer . . . .

DESPACHO

De acordo com as informações constantes neste Processo, nego provimento ao recurso interposto por . . . ., no qual solicita o cancelamento da penalidade de suspensão de trinta dias que lhe foi imposta nos termos da Portaria n. 90-A, de 9 de fevereiro de 1973, pelo então Ministro . . . .

Sigla do órgão, data (dia, mês e ano).

(Assinatura da autoridade)

Processo n. . . . .

DESPACHO

O Coordenador de Recrutamento e Seleção do DASP, após conclusão do exame do recurso interposto ao resultado do processo seletivo de Ascensão para a Categoria Funcional de Engenheiro-Agrônomo, dá provimento à questão n.10, anulando-a e, em consequência, atribuindo os respectivos pontos a todos os candidatos que não os obtiveram na correção inicial.

Brasília, em . . . . . de . . . . de . . . . .

Fulano de Tal,

Processo . . . .

DESPACHO

O Coordenador de Recrutamento e Seleção do DASP, com base no parecer da Banca Examinadora, resolve indeferir o recurso interposto ao processo seletivo de Ascensão Funcional para a Categoria de Agente de Atividades Agropecuárias.

Brasília, em . . . . . de . . . . de . . . . .

Fulano de Tal.
Coordenador.

Processo GM-BSB n. 003.488-73
Processo CFE n. 2.903-73
Parecer CFE n. 404-73

DESPACHO

Nos termos e para os efeitos do artigo 14 do Decreto-Lei n. 464, de 11 de fevereiro de 1969, homologo o parecer n. 404-73, do Conselho Federal de Educação, contrário à excepcionalidade para validade de concurso vestibular a que se submeteu . . . . sem ter cursado a 3ª série do 2º grau, mantendo a decisão do Parecer n. 62-73.

Brasília, em . . . . . de . . . . de . . . . .

. . . .
. . . .

Nota – Nos documentos jurídico-forenses, os despachos podem ser formulados em textos reduzidos. Haja vista estes exemplos:

Dê-se ciência às partes da baixa dos autos e intimem-se para apresentação de cálculo de liquidação.

Homologo, para que se produzam os jurídicos e legais efeitos, o cálculo de liquidação das fls. 148-62.

Digam as partes, no prazo sucessivo de dez dias, a iniciar pelo autor, se têm provas a produzir.

Determino o desentranhamento dos documentos das fls. 114-28 e dos documentos das fls. 64-86, devendo ser entregues à parte-autora e à parte-ré, respectivamente.

13 – Edital

13.1 – Conceito

O art. 246 do NCPC apresenta 5 tipos de citação, e, uma delas, a do inciso IV, é por edital. A citação por edital se justifica pela ocorrência de alguma das seguintes situações: a) quando for desconhecido ou incerto o réu; e b) quando ignorado, incerto ou inacessível o lugar em que se encontrar o demandado. Também recebe a denominação de citação "ficta", ou "pessoal", porquanto não consiste em ato de citação que se cumpre mediante recepção pessoal do réu ou do interessado (como ocorre, p. ex., com a citação postal e por intermédio do oficial de justiça). A citação "ficta" também é designada citação *presumida.*

> "*Edital* é ato escrito oficial, contendo aviso, determinação, ou citação, mandado publicar, por autoridade competente, no órgão oficial ou outros órgãos de imprensa, ou, ainda, afixado em lugares públicos, onde seja facilmente lido por todos". (José Náufel – *Novo dicionário jurídico brasileiro*)

13.2 – Generalidades

Normalmente os editais também são publicados nos jornais de maior circulação, integralmente ou mediante anúncio resumido de seu conteúdo. Em certos casos, por interesse em sua mais ampla divulgação, são inseridos, inclusive, na imprensa de outros centros importantes.

São objeto de edital concorrências administrativas para aquisição, alienação ou recuperação de material, aberturas de concursos para provimento de cargos públicos, intimações, notificações, convocações e demais avisos que, por sua natureza, devam ter ampla divulgação, conforme a legislação vigente.

Os editais levam vantagem sobre outros atos, pois, após sua publicação, ninguém pode alegar desconhecimento do que neles é mencionado. Além disso, nos casos de concorrências e concursos públicos, alcançam maior número de interessados, que, de outra forma, não seriam atingi-

dos. Propiciam, assim, à Administração, melhores condições de seleção de seus eventuais fornecedores ou prestadores de serviços de qualquer natureza.

13.3 – Partes

São, usualmente, as seguintes:

a) *Título* – denominação do ato, muitas vezes seguida do seu número de ordem e data de expedição. Outras vezes, o título é completado com a espécie de edital de que se trata: de citação, de anulação, etc. Não sendo colocada junto ao título, a data aparece após o texto.

b) *Ementa* – resumo do assunto do edital. Não é parte obrigatória e aparece, principalmente, em editais de concorrência pública e tomadas de preço. Oferece a vantagem de propiciar o conhecimento prévio e sucinto do que é exposto em seguida, mais pormenorizadamente.

c) *Texto* – desenvolvimento do assunto. Havendo vários parágrafos, convém numerá-los (com algarismos arábicos, de preferência) e, se necessário, desdobrá-los em alíneas e itens. Não se numera o primeiro parágrafo.

d) *Assinatura* – nome da autoridade competente, indicando-se seu cargo ou função.

13.4 – Elementos

A natureza do edital é que determina quais os elementos específicos que deverá conter, fixados pela Administração, mediante ato normativo.

Assim, por exemplo, os editais de abertura de concursos públicos e provas de habilitação realizados pelo Governo do Estado do Rio Grande do Sul, segundo o art. 3º do Regulamento dos Concursos Públicos, aprovado pelo Decreto n 23.443, de 4 de novembro de 1974 (com as alterações do Decreto n. 24.651, de 17 de junho de 1976, e do Decreto n. 25.885, de 19 de agosto de 1977), deverão esclarecer:

"a) as datas de início e término das inscrições;

b) requisitos para provimento do cargo e forma de seu preenchimento pelos candidatos;

c) tipo, natureza e programa das provas, valor relativo de cada matéria e de cada prova, indicação dos títulos valorizáveis, quando couber, e dos critérios para seu julgamento, bem como valor global dos títulos em relação às provas;

d) matérias das provas, ou partes destas que possuírem caráter eliminatório, de habilitação ou complementar;

e) limites e critério de apuração do resultado final;

f) outras condições ou exigências necessárias".

Nota – Os editais de licitação, que eram regulados pelo Decreto-Lei n. 200, de 25 de fevereiro de 1967, em seu artigo 130, revogado pelo Decreto-Lei n. 2.300, de 26-11-1986, passou a ser regulado pela Lei n. 8.6666, (Lei das Licitações), de 21-6-1993, especialmente em seu artigo 40, *caput*, parágrafos, incisos e alíneas.

13.5 – Modelos

TRIBUNAL DE CONTAS DA UNIÃO

EDITAL

Nos termos da decisão proferida pelo E. Tribunal, em sessão de 20 de abril de 1972, ao examinar os resultados da inspeção extraordinária realizada no Município de . . . ., Estado de . . . . (TC/30.936-70), fica citado o ex-Prefeito . . . . para, no prazo de trinta dias, contado da publicação deste, sob pena de revelia, alegar o que for a bem de seus direitos ou recolher à conta especial do Fundo de Participação dos Municípios a importância de R$ 32.111,12 (trinta e dois mil, cento e onze reais e doze centavos), proveniente de irregularidades abaixo discriminadas e apuradas na aplicação dos recursos do referido Fundo no exercício de 1970, quando respondeu pela chefia do Executivo do mencionado município.

1. R$ 489,00 – diferença encontrada entre o que foi publicado e o que foi comprovado na construção do Grupo de Monte Alegre;

2. R$ 5.169,00 – relativos à aquisição de um motor para energia elétrica, o qual foi adquirido com outros recursos;

3. R$ 1.284,15 – diferença encontrada entre o que foi publicado e o que foi comprovado na conservação do prédio escolar de Campo Maior;

4. R$ 15.105,96 – relativos à aquisição da "pick-up jeep" para transporte de estudantes, visto ter sido o referido veículo devolvido em acerto de dívida por falta de pagamento de oito títulos vencidos (12 de agosto de 1970 a 12 de março de 1971);

5. R$ 5.887,21 – diferença entre o que foi publicado e o que foi comprovado na construção do Mercado Municipal;

6. R$ 1.776,80 – relativos ao pagamento a menor às professoras municipais (R$ 16.356,40 – R$ 14.356,60);

7. R$ 2.400,00 – relativos a dois cheques emitidos em abril de 1970, sem comprovar a sua aplicação.

1ª Diretoria do Tribunal de Contas da União, Brasília, 26 de abril de 1973.

Helena Werneck de Souza,
Diretora.

(DOU de 8-5-1973, p. 4.513)

Ministério da Educação e Cultura
UNIVERSIDADE FEDERAL DO
RIO GRANDE DO SUL

Comissão de Inquérito Administrativo

EDITAL DE CITAÇÃO

O Presidente da Comissão de Inquérito Administrativo designada, mediante portarias do Excelentíssimo Senhor Reitor da Universidade Federal do Rio Grande do Sul, para apurar o abandono de cargo em que teria incorrido o servidor . . . . , ocupante do cargo de Marceneiro A-603.8.A, do Quadro Único de Pessoal – Parte Permanente, desta Universidade, no uso de suas atribuições e considerando que a Comissão, pelos elementos constantes no processo, caracterizou o abandono de cargo, concede, pelo presente Edital de Citação, o prazo de 10 dias, a contar da data desta publicação, para o citado servidor apresentar defesa, sendo-lhe facultada vista do processo, no Gabinete do Secretário do Instituto de Artes, sito na Rua Senhor dos Passos, 248 – 2º andar.

Porto Alegre, 26 de setembro de 1973.

Er Carneiro de Macedo,
Presidente.

(*Correio do Povo* de 28-9-1973, p. 10)

EDITAL DE INTIMAÇÃO E NOTIFICAÇÃO

Na forma do artigo 21, III, da Lei n. 6.537-0-73, *intimo* o contribuinte do ICM . . . . ., inscrito sob o n . . . ., em *Caxias do Sul*, do Auto de Lançamento n . . . ., contra ele lavrado em 30-11-1973, para constituição, a favor da Fazenda Estadual, do crédito tributário de R$ 44.884,61, representado por R$ 20.254,52 de Imposto de Circulação de Mercadorias (art. 1º, inc. I, da Lei n. 6.485, de 20-12-1972), R$ 110,19 de correção monetária e R$ 24.519,90 de multa (art. 7º, inc. I, alínea "e", e inc. III, alínea "a", da Lei n. 6.537, de 12-2-1973), por infração aos arts. 1º, inc. I, 25 e 30, incs. I e II, da Lei n. 6.485, de 20-12-1972, e *notifico* o referido contribuinte para, no prazo de trinta dias, contados do 16º dia da data da publicação deste Edital no Diário Oficial do Estado, pagar o mencionado crédito tributário, monetariamente corrigido em relação ao imposto, ou, querendo, apresentar impugnação ao lançamento na Exatoria Estadual de Caxias do Sul.

Caxias do Sul, 5 de dezembro de 1973.

Argemiro Paulo Frainer,
Fiscal do ICM.

(DO/RS de 13-12-1973, p. 12)

UNIVERSIDADE FEDERAL DO RIO GRANDE DO SUL
UNIVERSIDADE DE CAXIAS DO SUL
FACULDADE CATÓLICA DE MEDICINA DE
PORTO ALEGRE
ACADEMIA MILITAR DE POLÍCIA

Concurso Vestibular Unificado de 1975

EDITAL

Vagas e Roteiros

O Reitor da Universidade Federal do Rio Grande do Sul, no uso de suas atribuições, com a concordância da Universidade de Caxias do Sul, da Faculdade Católica de Medicina de Porto Alegre e da Academia Militar de Polícia,

FAZ PÚBLICO:

1. O ingresso à Universidade Federal do Rio Grande do Sul, à Universidade de Caxias do Sul, à Faculdade Católica de Medicina de Porto Alegre e à Academia de Polícia Militar, em 1975, far-se-á mediante Concurso Vestibular Unificado, constituído de provas baseadas nos conteúdos de Comunicação e Expressão, Estudos Sociais, Matemática, Física, Química e Nível Intelectual, todas na modalidade de questões objetivas.

2. As provas destinar-se-ão a verificar, simultaneamente, conteúdos e capacidades compatíveis com os programas do 2º grau.

3. A prova de Nível Intelectual, analogamente aos anos anteriores, terá a finalidade de avaliar a capacidade para as atividades de caráter acadêmico.

4. Os roteiros para as provas de conhecimentos, integrantes do CVU-75, achar-se-ão à disposição dos interessados, a partir de 8 do corrente, na Reitoria da Universidade Federal do Rio Grande do Sul, Biblioteca Central, andar térreo.

5. Os escores obtidos pelos candidatos, nas diferentes provas, serão padronizados de forma a assegurar-se a todas as provas uniformidade de média e dispersão.

6. O argumento final de classificação será a média harmônica dos escores padronizados, dirimindo-se os empates pela soma dos mesmos escores padronizados.

7. Cada candidato, por ocasião de sua inscrição, além de suas opções profissionais, poderá indicar uma prova (excluída a de Nível Intelectual) à qual deseje atribuir peso duplo.

8. As opções por curso (ou carreira), formuladas pelos candidatos, terão os efeitos previstos nas normas de organização do Concurso Vestibular, segundo dispõe o Regimento Central da UFRGS, atribuindo-se às opções sucessivas dos candidatos pesos decrescentes, que afetarão a média harmônica referida no item 8, para efeito do preenchimento das vagas e o ingresso no Primeiro Ciclo de Estudos.

9. O número total de vagas para 1975 está assim distribuído: Universidade Federal do Rio Grande do Sul – 2.944; Faculdade Católica de Medicina de Porto Alegre – 88; Universidade de Caxias do Sul – 1.760; Academia de Polícia Militar – 05.

10. Oportunamente será publicado o Edital de Abertura de Inscrições ao Concurso Vestibular Unificado de 1975.

Porto Alegre, 5 de julho de 1974.

Ivo Wolff,
Reitor.

(*Correio do Povo* de 7-7-1974, p. 10)

Ministério da Educação e Cultura
UNIVERSIDADE FEDERAL DO
RIO GRANDE DO SUL

Departamento de Pessoal
Seção de Treinamento e Seleção

EDITAL N. 4-73

Concurso público para preenchimento de cargos de Bibliotecário, EC. 101.19.A, do Quadro Único de Pessoal – Parte Permanente, da Universidade Federal do Rio Grande do Sul.

Torno pública a abertura das inscrições para o concurso acima referido.

1. Período de inscrição

Dezessete dias, com início em 1º 8 73 e término em 17-8-73.

2. Horário

Das 14 às 17 horas, de segunda a sexta-feira.

3. Local

Reitoria da UFRGS, 4º andar, Seção de Treinamento e Seleção.

4. Número de vagas

Nove.

5.Vencimentos

R$ 1.098,00 (um mil e noventa e oito reais), para um período normal de trinta horas de trabalho semanal.

6. Requisitos para inscrição

a) Ser brasileiro (nato ou naturalizado) e estar em dia com as obrigações eleitorais – para os candidatos de ambos os sexos, e militares – para os de sexo masculino;

b) ter a idade de até 40 anos incompletos na data de encerramento das inscrições, salvo se comprovar estar ocupando cargo público;

c) apresentar carteira de identidade civil;

d) fornecer, no ato da inscrição, duas fotografias 3x4, recentes e de frente;

e) recolher ao Banco do Brasil S. A. a taxa de R$ 20,00 (vinte cruzeiros);

f) anexar à ficha de inscrição cópia autenticada do Diploma, Certificado do Curso de Biblioteconomia ou Habilitação Profissional, devidamente registrado no Conselho Regional de Biblioteconomia, com o comprovante de anuidade do ano em curso.

7. Instruções e programas

Serão fornecidos aos interessados por ocasião da inscrição.

8. Provas

As datas e horários de realização das provas serão divulgados pela imprensa de Porto Alegre, em 26 de agosto do corrente ano.

Porto Alegre, 27 de julho de 1973.

Noé Esquivel,
Diretor em Exercício do
Departamento de Pessoal.

(*Correio do Povo* de 29-7-1973, p. 13)

Serviço Público Federal
MINISTÉRIO DA FAZENDA

Departamento de Administração

EDITAL

Concorrência pública para construção do prédio destinado aos órgãos fazendários em Porto Alegre – Estado do Rio Grande do Sul.

O DIRETOR DA DIVISÃO DE OBRAS DO MINISTÉRIO DA FAZENDA leva ao conhecimento das firmas interessadas que receberá propostas para a Concorrência Pública referente à construção do prédio destinado aos órgãos fazendários em Porto Alegre, Estado do Rio Grande do Sul, de acordo com o projeto e especificações que serão fornecidos pela Divisão de Obras, instalada na sala n. 1311 do décimo terceiro andar do edifício-sede do Ministério da Fazenda, na Avenida Presidente Antônio Carlos, n. 375, Rio de Janeiro, Estado da Guanabara, onde, diariamente, das 14 às 15 horas, serão prestadas informações relativas à Concorrência.

As propostas e documentação necessária serão recebidas às 14 horas do dia 1º do mês de outubro de 1973, no mesmo endereço.

Aristides Barreto do Nascimento,
Diretor.

(*Correio do Povo* de 26-8-1973, p. 8)

14 – Exposição de motivos

14.1 – Conceitos

"*Exposição de motivos* é o expediente dirigido ao Presidente da República para: a) informá-lo de determinado assunto; propor alguma medida; ou submeter a sua consideração projeto de ato normativo." (*Instrução normativa* n. 4, de 6 de março de 1992, do Secretário da Administração Federal)

"Apreciação prévia regida pelo órgão que toma a iniciativa dos projetos de leis, em geral as que introduzem sensível modificação na ordem jurídica, como os códigos, no sentido de explicar seus conteúdo e justificar suas inovações". (J. M. Othon Sidou – *Dicionário jurídico*)

"Denominação dada ao *'preâmbulo ou considerandos'*, que antecedem os textos de projetos de lei ou de qualquer outra resolução, para mostrar as suas vantagens e necessidades. É *'uma justificativa'* às medidas ou regras que se consignam nas leis apresentadas para aprovação ou quaisquer outras resoluções de ordem administrativa". (De Plácido e Silva – *Vocabulário jurídico*)

Nota – As palavras entre aspas simples ('...') indicam grifos no original.

14.2 – Partes

a) *Classificação* – denominação, em forma de sigla, do documento, número dado pelo órgão competente, de acordo com a seriação, e a sigla do órgão expedidor: EM n. 146/MRE (Exposição de Motivos n. 146, do Ministério das Relações Exteriores).

b) *Data* – local, dia, mês e ano em que se expede o documento, com alinhamento à direita:

Brasília, em 22 de novembro de 1992; ou Brasília, 22 de novembro de 1992.

c) *Vocativo* – tratamento e cargo ou função do destinatário, seguidos, preferentemente, de dois-pontos. (Veja item 2.22, p. 32.):

Excelentíssimo Senhor Presidente da República:

d) *Texto.*

Se a exposição de motivos tiver caráter meramente informativo, apenas levando algum assunto ao conhecimento do Presidente da República, terá estrutura idêntica à do ofício, tanto em relação ao texto, quanto às demais partes (com exceção do destinatário, que não consta no documento).

Se, no entanto, a exposição de motivos se destina a submeter à consideração do Presidente da República a sugestão de alguma medida a ser adotada ou lhe apresentar projeto de ato normativo, terá também a estrutura do ofício; seu texto, todavia, além de outros comentários julgados pertinentes pelo autor, deverá, ainda, apontar:

– na *introdução,* o problema que está a reclamar a adoção da medida ou do ato normativo proposto;

– no *desenvolvimento,* o porquê de ser aquela medida ou aquele ato normativo o ideal para se solucionar o problema e eventuais alternativas existentes para equacioná-lo;

– na *conclusão,* novamente, qual medida deve ser tomada, ou qual ato normativo deve ser editado para solucionar o problema.

No caso de a exposição de motivos conter a sugestão de alguma medida a ser adotada ou apresentar projeto de ato normativo, ela deverá, ainda, trazer apenso, devidamente preenchido, o formulário *Anexo à Exposição de motivos,* conforme modelo previsto na *Instrução normativa n. 4,* de 6 de março de 1992, do Secretário da Administração Federal.

e) *Assinatura* – nome digitado do Ministro que expede o documento, após o espaço reservado à assinatura.

Nota – Na Exposição de motivos, ao contrário de outros expedientes, como o aviso e o ofício, *não consta o destinatário.*

14.3 – Modelos

14.3.1 – Exposição de motivos *de caráter informativo*

EM n. 146/MRE

Brasília, 24 de maio de 1991.

Excelentíssimo Senhor Presidente da República:

O Presidente George Bush anunciou, no último dia 13, significativa mudança da posição norte-americana nas negociações que se realizam – na Conferência do Desarmamento, em Genebra – de uma convenção multilateral de proscrição total das armas químicas. Ao renunciar à manutenção de cerca de dois por cento de seu arsenal químico até a adesão à convenção de todos os países em condições de produzir armas químicas, os

Estados Unidos reaproximaram sua postura da maioria dos quarenta países participantes do processo negociador, inclusive o Brasil, abrindo possibilidades concretas de que o tratado venha a ser concluído e assinado em prazo de cerca de um ano. (...)

Respeitosamente,

Nome
Cargo do signatário.

(Adaptado da *Exposição normativa* n. 4, de 6 de março de 1992, do Secretário da Administração Federal)

14.3.2 – Exposição de motivos com proposta de ato normativo

EM n. ME/149

Brasília, 25 de junho de 1985.

Excelentíssimo Senhor Presidente da República:

Tenho a honra de submeter à consideração de Vossa Excelência a proposta de constituição de uma Comissão de alto nível, visando ao estabelecimento de diretrizes que promovam o aperfeiçoamento do ensino-aprendizagem da língua materna.

2. Contando com especialistas de notória competência, a Comissão, além de avaliar os estudos e propostas existentes, apresentará conclusões que irão representar subsídios valiosos para o aprimoramento do uso do idioma nacional.

3. Não será demasiado ressaltar a importância e o significado de um trabalho de tal natureza. Com efeito, inúmeros são os fatores que contribuem para a diversidade do uso da língua, entre eles destacando-se a faixa etária, o ambiente social de convivência e o grau de cultura daqueles que a utilizam.

4. Por outra parte, não há como desconhecer as múltiplas variantes da prática linguística, decorrência natural das grandes extensões do País, a que se somam outras influências que marcam a formação étnica do povo brasileiro.

5. Por tudo isso, espera o Ministério da Educação que a Comissão Nacional, atenta às peculiaridades linguísticas assinaladas, contribua de forma decisiva para ampliar o interesse pela aprendizagem do idioma pátrio, instrumento indispensável à cultura e fator imprescindível à identidade nacional.

6. Em face do exposto, proponho a Vossa Excelência a assinatura do anexo projeto de decreto, que consubstancia o pensamento ora apresentado, caso mereça aprovação.

Respeitosamente,

Marco Maciel

(DOU de 27-6-85, p. 9115 – com adaptações)

15 – Indicação

15.1 – Conceitos

"*Indicação* é o ato pelo qual o membro de uma casa legislativa dá a conhecer ou mostra ao chefe do governo ou a um órgão da Administração, com justificação, a necessidade de ser tomada certa providência de ordem política ou administrativa, ou de ser realizada a obra que menciona, ou lhe sugere a feitura de um serviço de utilidade ou interesse público." (Pedro Nunes – *Dicionário de tecnologia jurídica*, vol. II)

"Proposição pela qual o parlamentar sugere a manifestação de uma ou mais comissões, ou do Poder Executivo, acerca de determinado assunto, visando à elaboração de projeto sobre a matéria, ou a adoção de providência, realização de ato administrativo ou de gestão." (Câmara dos Deputados –*Manual de redação*)

15.2 – Generalidades

Além das casas legislativas, também outros órgãos de deliberação coletiva costumam servir-se de *indicações* para o encaminhamento de propostas ou sugestões à presidência do órgão ou à comissão competente para tomar conhecimento do assunto e dar-lhe solução.

15.3 – Partes

a) *Título* – nome e número do ato: Indicação n. 37-92.

b) *Texto* – exposição do assunto, que pode ser precedida de *considerandos*, destinados a fundamentar ou justificar a proposição feita.

c) *Local* e *data* – pode aparecer também, geralmente em forma de sigla, a denominação do órgão.

d) *Assinatura* – nome e cargo ou função do autor.

15.4 – Modelos

INDICAÇÃO N. 20-72

Inclusão de autores portugueses nos livros didáticos destinados ao ensino da língua nacional.

O Conselho Federal de Educação, tendo tomado conhecimento das notícias veiculadas a propósito de seu Parecer n. 1.138-72, de autoria do ilustre Conselheiro Valnir Chagas, segundo as quais este Colgiado, ao apreciar sugestão partida da Academia Internacional da Cultura Portuguesa, se teria manifestado contrariamente à inclusão de textos de autores portugueses nos livros didáticos destinados ao ensino da língua nacional entre nós, vem indicar a quantos se interessem pelo assunto a conveniência de procederem à leitura integral daquele documento, cujos termos nada contêm que pudesse justificar as aludidas notícias.

Muito ao contrário, depois de se referir à oportuníssima recomendação expressa na Circular de 17-4-70, do Sr. Ministro da Educação e Cultura, Senador Jarbas Gonçalves Passarinho, segundo a qual, "tratando-se de livro didático, a leis fixas são preferíveis normas flexíveis que funcionem como sugestões ou recomendações orientadoras, diz o autor do Parecer:

"Em relação ao ensino da Língua Portuguesa, essa norma foi baixada com o Parecer n. 853-71, relativo ao 'núcleo comum'. Aí se recomenda que 'as situações criadas e *os textos escolhidos para a leitura*, em articulação com outras matérias, devem conduzir a uma compreensão e apreciação da nossa História, da nossa Literatura, da Civilização que vimos construindo e dos nossos valores típicos'. E acrescenta que 'isto, evidentemente, não há de conduzir a exclusivismos estreitos', pois 'assim como a nossa História é parte da História Universal, *a Literatura Brasileira não poderá ser estuda com abstração de suas raízes portuguesas* e sem inserir-se no complexo europeu de que se origina'."

. . . .
. . . .

Ao fazer esta indicação, o Conselho lamenta que assunto de tamanha relevância e delicadeza, por envolver as relações entre duas nações tradicionalmente amigas, possa ter dado margem a distorções, oriundas possivelmente do zelo excessivo e apressado com que elementos de um e outro países, sem conhecer o texto do parecer exarado aos 4-10-72, se puseram a campo em defesa de uma causa que sempre foi defendida, nesta como em tantas outras oportunidades, por este Conselho Federal de Educação.

CFE, em Brasília, 7 de novembro de 1872.

Esther de Figueiredo Ferraz,
Autora.

Aprovada em Sessão Plenária do Conselho Federal de Educação, em 7 de novembro de 1972.

(*Administração e legislação* n. 16, 1972)

Nota – A indicação supratranscrita, como se observa, contém ementa. Embora não se trate de parte necessária, ela facilita a imediata identificação e compreensão do assunto pelo leitor.

INDICAÇÃO N. 21-72

Indico à Comissão Especial de Educação Moral e Cívica deste Conselho seja prorrogado até 28 de fevereiro de 1973 o prazo estabelecido pelo art. 8º da Resolução n. 8, de 9 de agosto de 1972, pelo qual as instituições mantenedoras de estabelecimentos de ensino superior que ministrem cursos de Estudos Sociais deveriam adaptar seus regimentos aos termos da citada Resolução e do Parecer n. 554-72 (e o seu adendo).

Brasília, 8 de novembro de 1972.

Paulo Nathanael Pereira de Souza,
Autor.

(*Administração e legislação* n. 16, 1972)

16 – Informação

16.1 – Conceitos

"*Informação* é o ato de servidor subalterno incumbido de estudo de processo, instrumento ou qualquer documento e consta do esclarecimento que se fizer necessário, a fim de que o chefe imediato possa formar juízo exato sobre o assunto e deliberar ou encaminhar o caso à autoridade superior." (Gessner P. P. de Barros – *A Redação na administração pública*)

"Apresentação de dados elucidativos vazada no corpo do processo por determinação superior." (Maria José B. de Oliveira e Isaltina D. Sollberger – *Linguagem na administração pública*)

16.2 – Generalidades

A informação faz parte da *instrução* dos papéis, constituindo seu principal instrumento. Instrução é o nome que se dá à soma de atividades destinadas a esclarecer, provar e documentar um fato objeto de processo.

Nota – A *informação* pode significar também um *despacho* relativo a um processo a ter prosseguimento.

16.3 – Partes

a) *Designação* – número do processo respectivo, ao alto, no centro do papel. Às vezes, aparece também o número da informação.

b) *Ementa* – resumo do assunto. Deve ser redigida apenas pelo primeiro servidor que instruir o processo e é colocada no alto da página, à direita, digitada em espaço simples.

c) *Vocativo* – tratamento e cargo da autoridade a quem se dirige a informação, seguidos, preferentemente, de dois-pontos (Veja 2.22, p. 30).

d) *Texto*, que constará:

– da *introdução* (histórico), em que se faz referência ao assunto tratado;

– da *apreciação* (desenvolvimento) do assunto, com esclarecimentos e informações que o ilustrem; e

– da *conclusão*, de modo claro e preciso.

Qualquer referência a elementos constantes no processo deve ser feita com a indicação do número da folha respectiva.

Em caso de referência a elementos constantes em processo anexado ao que estiver em estudo, deve-se, também, fazer menção do número daquele em que se encontra a folha citada na instrução.

O texto da informação é dividido em itens seguidamente numerados (algarismos arábicos), os quais se desdobrarão em alíneas (letras). Não se numera o primeiro item.

e) *Fecho*, que compreende:

1. a denominação do órgão em que tenha exercício o servidor (informante), permitida a abreviação;
2. a data;
3. a assinatura;
4. o nome do servidor, por extenso, e o seu cargo ou função.

Os requisitos das letras *(1)*, *(2)* e *(4)* podem ser digitados ou feitos por meio de carimbo.

16.4 – Esquema

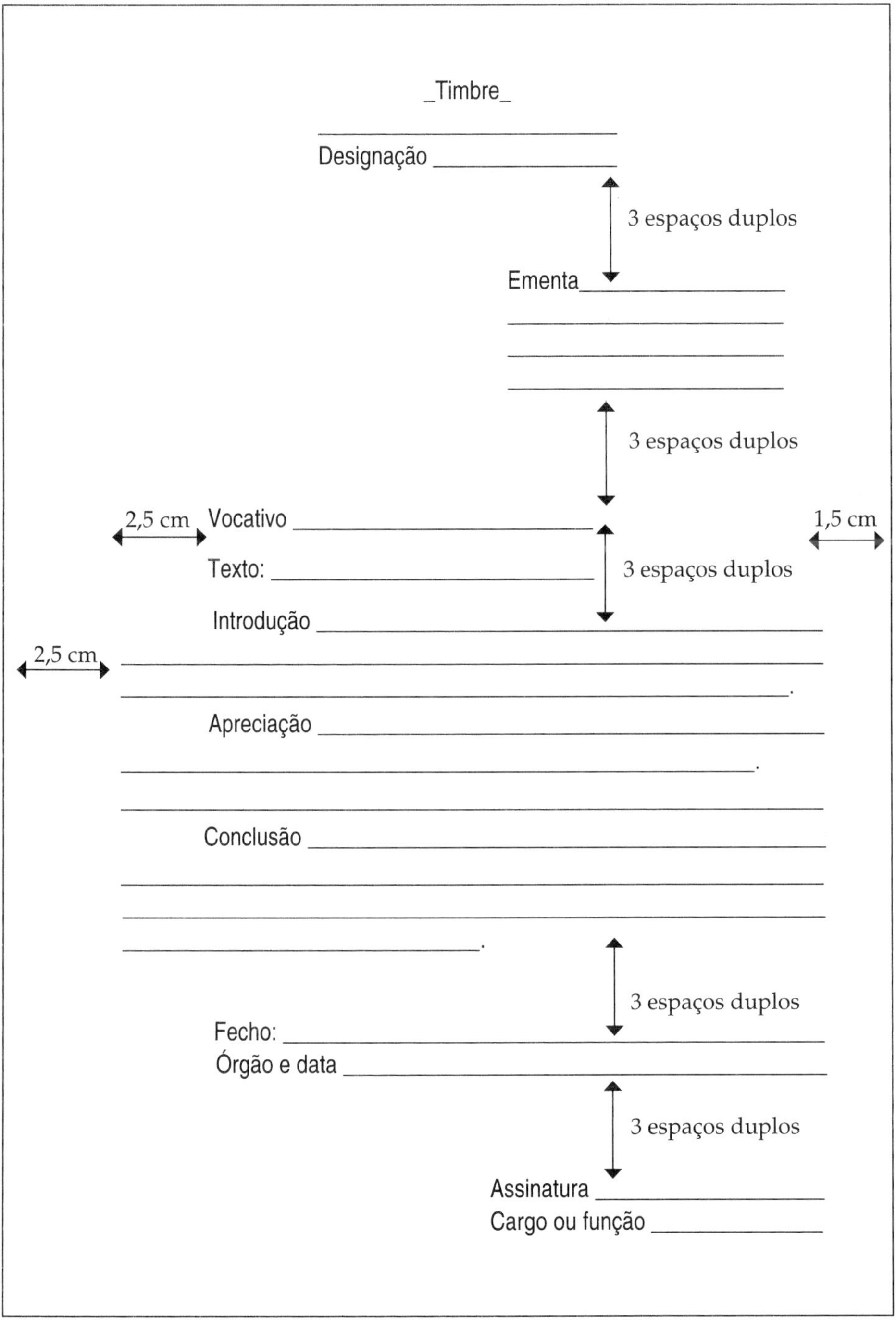
Timbre
Designação
3 espaços duplos
Ementa
3 espaços duplos
2,5 cm
Vocativo
1,5 cm
Texto:
3 espaços duplos
Introdução
2,5 cm
Apreciação
Conclusão
3 espaços duplos
Fecho:
Órgão e data
3 espaços duplos
Assinatura
Cargo ou função

16.5 – Modelos

Informação n. SCRCE/395-73
Processo n. R/18.643-73

Senhor Diretor do Departamento de Pessoal:

Fulano de Tal, Escrevente-Datilógrafo, AF-204.7, do Quadro Único de Pessoal – Parte Permanente, desta Universidade, com exercício na Faculdade de Medicina, solicita exoneração do referido cargo, a partir de 4 de junho de 1973.

2. Consoante informação da Seção de Preparo de Pagamento, deste Departamento, o postulante nada deve aos cofres da União, tendo cumprido com as demais exigências legais.

3. Isso posto, de acordo com o disposto no item I do artigo 75 da Lei n. 1.711, de 28 de outubro de 1952, nada obsta a que seja atendida a solicitação, motivo por que remetemos, em anexo, o ato necessário à efetivação da medida.

À consideração de Vossa Senhoria.

SCRCE, em 17 de outubro de 1973.

Sidney Neves Fontoura,
Chefe

(Dos arquivos da UFRGS)

Informação n. DCCE/394-73
Processo n. R/25.726-73

Senhor Diretor do Departamento de Pessoal:

Encaminha a Direção do Instituto de Geociências o pedido de dispensa, a partir de 3 de outubro de 1973, da função gratificada, símbolo 2-F, de Secretário do referido Instituto, formulado pelo funcionário *Fulano de Tal.*

2. O requerente é agregado ao símbolo 5-F, do Quadro Único de Pessoal – Parte Permanente, desta Universidade, sendo aproveitado pela Portaria n. 677, de 27 de agosto de 1968, para exercer a função gratificada, símbolo 2-F, de Secretário do Instituto de Geociências, desenvolvendo suas atividades em regime de tempo integral e dedicação exclusiva, conforme aplicação determinada pela Portaria n. 459, de 15 de julho de 1969.

3. Isso posto, de acordo com o preceituado no artigo 77 da Lei n. 1.711, de 28 de outubro de 1952, nada obsta a que seja atendida a solicitação, motivo por que remetemos, em anexo, os atos necessários à efetivação da medida.

À consideração de Vossa Senhoria.

DCCE, em 16 de outubro de 1973.

Noé Esquivel,
Diretor.

(Dos arquivos da UFRGS)

Informação n. SCC/55-70
Processo n. R/2.241-70

Senhor Diretor da Divisão de Pessoal:

No presente processo, a Direção da Faculdade de Filosofia, desta Universidade, propõe a implantação do regime de tempo integral nos serviços administrativos, regulamentado pelo Decreto n. 60.091-67.

2. O Decreto n. 64.925, de 5 de agosto de 1969, dispõe, em seus artigos 2º e 3º, sobre as medidas para a aplicação de tempo integral e dedicação exclusiva:

"Art. 2º Até que seja aprovada nova regulamentação, admitir-se-á a prorrogação das tabelas do exercício de 1969.

Art. 3º Ficam de imediato expressamente vedadas:

a) a inclusão, no regime, de qualquer novo órgão ou novos cargos ou funções não constantes nas tabelas referentes ao exercício em curso;

b) a redistribuição de dotações orçamentárias, inclusive mediante abertura de créditos suplementares, na forma prevista no item III e § 1º do artigo 43 da Lei n. 4.320, de 17-3-64, e a redistribuição do orçamento analítico do pessoal com o objetivo de complementar os dispêndios com o citado regime."

3. Assim sendo, a implantação ora proposta somente poderá ser efetivada após a expedição, por parte do Poder Executivo, da regulamentação preconizada pelo dispositivo acima transcrito.

4. Convém lembrar, outrossim, que, após a expedição da regulamentação aludida, esta Seção, por intermédio dessa Direção, expedirá circular com as instruções necessárias à adoção do regime em foco.

À consideração de Vossa Senhoria.

SCC, em 2 de março de 1970.

Noé Esquivel,
Chefe.

(Dos arquivos da UFRGS)

17 – Instrução

17.1 – Conceito

"*Instrução* é a fórmula mediante a qual os superiores expedem normas gerais, de caráter interno, que prescrevem o modo de atuação dos subordinados em relação a certo serviço". (Diogenes Gasparini – *Direito administrativo*)

17.2 – Generalidades

As instruções visam a orientar os subalternos no desempenho das funções que lhes são afetas e assegurar a unidade de ação no organismo administrativo. Geralmente são apresentadas sob a qualificação de *instruções normativas* ou também *de instruções de serviço.*

As instruções assemelham-se às circulares e às ordens de serviço. "A única diferença que pode ser notada é que as *instruções* são geralmente documentos mais importantes que as *circulares* e, sobretudo, que as *ordens de serviço.*" (José Cretella Júnior – *Tratado de direito administrativo*, vol. II)

17.3 – Partes

As *instruções* têm estrutura idêntica à da *portaria*:

a) *Numeração* (classificação) – número do ato e data de expedição: Instrução Normativa n. 133, de 2 de março de 1982.

b) *Título* – denominação completa (em caracteres maiúsculos, de preferência) da autoridade que expede o ato.

c) *Fundamentação* – citação da legislação básica em que a autoridade apoia sua decisão, seguida da palavra *resolve*. Geralmente, por se tratar de documento de caráter interno, a citação de dispositivos legais é substituída pela expressão "no uso de suas atribuições", ou similar.

A palavra *resolve* pode ser colocada logo após a fundamentação, ou em linha separada (com entrada de parágrafo e, de preferência, em

caracteres maiúsculos), ou, ainda, imediatamente antes e na mesma linha do texto. Embora as três formas sejam encontráveis e válidas, a segunda é mais estética e dá mais destaque às partes fundamentais do ato (fundamentação e texto).

Entre a *fundamentação* e a palavra *resolve*, podem aparecer os *considerandos*, conjunto de razões que a autoridade invoca para justificar as determinações que baixa ou as decisões que toma.

d) *Texto* – desenvolvimento do assunto. Em instruções mais extensas, o texto é dividido em artigos ou parágrafos, devidamente numerados e subdivididos, quando necessário, em itens e alíneas.

Nota – O texto da instrução pode encerrar-se com a chamada *cláusula de vigência*, que indica a data a partir da qual o ato passa a viger.

e) *Assinatura* – nome da autoridade que expede o ato, com indicação de seu cargo ou função. Essa indicação, todavia, é dispensável, por já aparecer, geralmente em destaque, no título (O SECRETÁRIO DA ADMINISTRAÇÃO FEDERAL, ...).

17.4 – Modelos

INSTRUÇÃO NORMATIVA N. 4, DE 6 DE MARÇO DE 1992

O SECRETÁRIO DA ADMINISTRAÇÃO FEDERAL, no uso das atribuições que lhe confere o art. 1º da Lei n. 8.057, de 29 de junho de 1990, e

considerando que, com a edição do *Manual de redação da Presidência da República, se* busca racionalizar e padronizar a redação das comunicações oficiais, pela atualização da linguagem nelas empregada e uniformização das diversas modalidades de expedientes; e tendo em vista que é meta do Governo Federal modernizar a Administração, permitindo acelerar o andamento de comunicações e processos e reduzir despesas,

RESOLVE:

baixar esta Instrução Normativa com a finalidade de consolidar as regras constantes do *Manual de Redação da Presidência da República*, tornando obrigatória sua observação para todas aquelas modalidades de comunicação oficial comuns aos órgãos que compõem a Administração Federal.

. . . .

. . . .

7. Esta Instrução Normativa entra em vigor na data de sua publicação.

. . . .

INSTRUÇÃO NORMATIVA N. 1, DE 12 DE SETEMBRO DE 1969

Disciplina a expedição de atos normativos de natureza fiscal e tributária, atos e instrumentos de administração e divulgação.

O SECRETÁRIO DA RECEITA FEDERAL, no uso de suas atribuições, e considerando a necessidade de fixar a natureza e o alcance das normas relativas à aplicação ou interpretação da legislação tributária a serem baixadas pelas diversas autoridades segundo sua competência, bem como a conveniência de disciplinar a utilização de denominações dos atos administrativos, de correspondência oficial e de divulgação de matéria fiscal e tributária;

considerando a necessidade de disciplinar a competência dos vários escalões da administração fiscal quanto à expedição dos atos mencionados, de modo a assegurar sua classificação e compreensão, resolve:

I – A nomenclatura dos atos a serem baixados nos diversos níveis de administração fiscal, da correspondência oficial e instrumentos de divulgação passa a ser a constante do quadro anexo.

II – É obrigatória a utilização de ementa nos atos mencionados no item anterior.

III – Os atos mencionados no item II, do Quadro anexo, antes de expedidos, devem ser submetidos à homologação do Secretário da Receita Federal.

IV – A AESPA – Assessoria de Estudos, Planejamento e Avaliação da Secretaria da Receita Federal, providenciará a expedição anual, durante o mês de janeiro, da consolidação dos atos de natureza fiscal ou tributária.

. . . . ,
Secretário da Receita Federal.

(DOU de 8-10-69)

Notas

1ª – Acompanha a instrução normativa acima transcrita o Quadro a que faz menção (I, III), com a denominação dos diversos atos, sua natureza, conteúdo e alcance, e autoridades competentes para expedi-los.

2ª – Como se observa, a Instrução Normativa supratranscrita contém *ementa*, em obediência ao que nela própria vem determinado (II).

18 – Memorando

18.1 – Conceitos

"O *memorando* é a forma de correspondência administrativa interna entre chefes ou encarregados de uma organização, utilizada para transmissão de ordens, decisões e recomendações, de caráter sucinto, e que impliquem cumprimento imediato. (Gélson Clemente dos Santos – *Comunicação administrativa*)

"O *memorando* é uma forma de correspondência oficial bastante aproximada do *ofício*. Se atentarmos para a morfologia da palavra, veremos que, originariamente, deveria ele ser utilizado simplesmente para lembrar alguma coisa. Todavia, em nossos dias, o memorando não é mais do que um ofício em tamanho pequeno." (Irajá Andara Rodrigues – *Português para concursos*)

18.2 – Generalidades

O memorando presta-se a comunicações internas sobre assuntos rotineiros. Por isso mesmo, deve caracterizar-se pela simplicidade, rapidez, clareza e concisão.

18.3 – Partes

Como se trata de documento interno, de caráter mais informal, o memorando não aparece, nos diversos órgãos públicos, com estrutura uniforme, caracterizando-se, todavia, sempre, por sua simplicidade.

Muitos autores sugerem, para o memorando, a estrutura do ofício, uma vez que existe bastante semelhança entre os dois documentos. O memorando é, na realidade, um ofício em miniatura.

Apresentamos, a seguir, as diversas partes do memorando, mais a título de sugestão, em vista das considerações feitas acima:

a) *Timbre* – dizeres impressos que identificam o órgão, setor ou departamento que expede o memorando.

b) *Índice e número* – número do memorando e iniciais do setor que o expede. O índice, por não ser parte indispensável, nem sempre aparece.

c) *Local* e *data* – local, dia, mês e ano de expedição. A data, no caso, pode vir abreviada: 12-10-1974.

d) Indicação do *remetente* e do *destinatário*, precedida, respectivamente, das combinações "Do" e "Ao".

e) *Assunto* (súmula) – resumo do assunto.

f) *Vocativo* – tratamento e cargo ou função do destinatário. (Veja 2.22, p. 30.)

g) *Texto* – exposição do assunto. Tratando-se de memorando mais extenso, os parágrafos podem ser numerados, à exceção do primeiro e do fecho.

h) *Fecho* – fórmula de cortesia. Usam-se fórmulas breves, tais como "Respeitosamente" (para autoridades superiores), "Atenciosamente" e "Saudações" (para autoridades da mesma hierarquia ou de hierarquia inferior). O fecho pode ser alinhado pelo(s) parágrafo(s) do texto ou posicionado acima da assinatura.

18.4 – Modelos

Os modelos que apresentamos obedecem à estrutura acima sugerida ou àquelas usuais, para o memorando, em diversos órgãos públicos.

. . . .

Memo. n.. . . . . .

Porto Alegre, ... de . . . . de . . . . .

Do: . . . .
Ao: . . . .
Assunto: Apresentação de funcionário.

Senhor . . . .:

Apresento a V. Sa. o Sr. Fulano de Tal, Escriturário, nível . . . ., designado pela Portaria n. . . . . ., de . . . . . de . . . . de . . . . ., do Secretário da . . . ., para servir nesse Departamento, a partir desta data.

Saudações.

Fulano de Tal,
Chefe do . . . .

. . . .

Memo. n . . . .

Local e data . . . .

Para o Sr. . . . .

Assunto: Solicita informação.

Solicitamos informar, com a possível urgência, a data em que assumiu suas funções, nesse Instituto, o Escrevente-Datilógrafo . . . ., lotado nesta Diretoria.

Atenciosamente,

Fulano de Tal,
Chefe do . . . .

. . . .

Memo. n. . . . . . .

Porto Alegre, ... de . . . . de . . . . .

Senhor Professor:

Encaminhamos a V. Sa., , em anexo, cópia da Portaria n.. . . . . ., de . . . . .-. . . . .-. . . . ., que o designou para elaborar e corrigir as provas de Português e Redação Oficial do Concurso Público para o cargo de Oficial de Administração, a ser realizado por este Departamento.

Atenciosamente,

Fulano de Tal,
Diretor.

Ao Senhor Professor Fulano de Tal – N/C.

. . . .

Memo. n. 10-12

Porto Alegre, 4 de janeiro de 2012.

De: Divisão de Recursos Humanos

Para: Coordenador da PTM de Novo Hamburgo

Assunto: Encaminhamento de Carteira de Identidade Funcional

Senhor Coordenador:

Encaminhamos, para que seja entregue ao servidor abaixo mencionado, a Carteira de Identidade Funcional, acompanhada de duas cópias, que deverão ser devolvidas com participação de recebimento. Caso haja carteira antiga de posse do referido servidor, solicita-se seja juntamente devolvida a esta DRH.

Nome do servidor destinatário

Atenciosamente,

Fulano de Tal,

Chefe Substituto da Divisão de Recursos Humanos.

(Texto com adaptações)

. . . .

MEMORANDO DIGER N. 179 Em 26-5-2006

De: Direção-Geral da Secretaria

Ao: Diretor da Secretaria de Recursos Humanos – SRHU

Informo a V. Senhoria que as férias do servidor .... foram interrompidas no período de 15 a 19-5-2006, em razão de absoluta necessidade de serviço.

Solicito, portanto, o registro do período interrompido, pra fruição em época oportuna.

Atenciosamente,

Fulana de tal,

Diretora-Geral da Secretaria.

De acordo.

Reconheço a necessidade do serviço, nos temos do
art. 80 da Lei n. 8.112-90
Em 26-5-2006

(Nome e cargo do subscritor do despacho)

19 – Mensagem

19.1 – Conceito

"*Mensagem* é o instrumento de comunicação oficial entre os Chefes dos Poderes, notadamente as mensagens enviadas pelo Chefe do Poder Executivo ao Poder Legislativo para informar sobre atos da Administração Pública; expor o plano de governo por ocasião da abertura de sessão legislativa; submeter ao Congresso Nacional matérias que dependem de deliberação de suas Casas; apresentar veto; enfim, fazer e agradecer comunicações de tudo quanto seja de interesse dos poderes públicos e da Nação." (*Instrução normativa n. 4*, de 6 de março de 1992, do Secretário da Administração Federal)

19.2 – Generalidades

Meio de comunicação entre os titulares dos altos poderes públicos, a mensagem é o instrumento usual e típico de comunicação do Chefe do Poder Executivo com o Poder Legislativo, sendo, como tal, empregada nas esferas federal, estadual e municipal. A Constituição Federal, as Constituições dos Estados-Membros e as Leis Orgânicas dos Municípios preveem diversos casos em que caberá ao Chefe do Poder Executivo dirigir-se ao Poder Legislativo por mensagem.

Nota – O art. 84, inc. XI, da Constituição da República, dispõe que "Compete privativamente ao Presidente da República: [...] XI – remeter mensagem e plano de governo ao Congresso Nacional por ocasião da abertura da sessão legislativa, expondo a situação do País e solicitando as providências que julgar necessárias; [...]

19.3 – Partes

a) *Identificação* – tipo e número do expediente, no alto da folha, junto à margem esquerda:

Mensagem n. 232.

b) *Vocativo* – tratamento e cargo da autoridade destinatária, seguidos, preferentemente, de dois-pontos .(Veja item 2.22, p. 30.)

Excelentíssimo Senhor Presidente do Senado Federal:

Excelentíssimo Senhor Presidente da Câmara Municipal:

c) *Texto* – exposição da matéria. Se a natureza do conteúdo o comportar, terá uma *introdução*, em que se fará referência ao assunto tratado, uma *apreciação*, com esclarecimentos e informações que o ilustrem, e uma *conclusão*, clara e precisa. Terá tantos parágrafos quantos forem necessários, seguidamente numerados, com exceção do primeiro, os quais poderão dividir-se em alíneas, se necessário.

d) *Data* – local e data de expedição do ato:

Porto Alegre, 17 de dezembro de 1992.

e) *Assinatura* – Apenas a assinatura do Chefe do Poder Executivo, sem a forma digitada de seu nome e cargo.

Nota – Se a mensagem constar de mais folhas, a partir da segunda folha ela deverá trazer, no alto, junto à margem esquerda, a seguinte indicação: Fl. (indicar o número) da Mensagem n. . . . ., de . . . . .-. .. . .-. . . . . (Ex.: Folha n. 3 da Mensagem n. 198, de 17-12-92).

19.4 – Modelos

Mensagem n. 514

Excelentíssimos Senhores Membros do Congresso Nacional:

Nos termos dos artigos 59, parágrafo único, e 81, item IV, da Constituição Federal, resolvi vetar, parcialmente, o Projeto de Lei n. 13-73 (CN), que "regula os direitos autorais e dá outras providências".

O veto incide sobre o artigo 83, por considerá-lo contrário ao interesse público, pelas razões que passo a expor.

Com efeito, pela redação dada a esse artigo, criou-se a obrigação de as obras constantes em fonogramas serem numeradas, quando de sua edição. Essa numeração, além de ociosa, é impraticável, tendo em vista a circunstância de a mesma obra musical poder ser gravada, simultaneamente, por produtos fonográficos diversos, visto como, em geral, as gravações se fazem sem exclusividade.

Ainda, porém, que se interprete o dispositivo no sentido de tornar obrigatória a numeração apenas dos fonogramas produzidos, não acarreta ele benefício para os compositores musicais, e cria, para a indústria fonográfica, dificuldades e ônus desnecessários. O interesse daqueles está acobertado, a partir do Ato Complementar n. 36, confirmado, no particular, pelo Decreto-Lei n. 406 e pela faculdade que se concedeu às produtoras de fonogramas de deduzirem, integralmente, do Imposto de Circulação de Mercadorias, as quantias pagas a autores e artistas brasileiros. À indústria fonográfica impõe-se, pelo me-

nos, mais uma operação em sua linha de produção, além de não se ressalvar, sequer, como ocorre no tocante ao contrato de edição (art. 64), a hipótese em que tenha havido cessão de direitos patrimoniais ao produtor fonográfico.

Ademais, e ao contrário do que sucede com o contrato de edição, preceito semelhante ao ora vetado, não se encontra em nenhuma legislação de direito autoral em todo o mundo, o que está a indicar a desnecessidade e a inconveniência da regra.

Esses são os motivos que me levaram a vetar, parcialmente, o Projeto em causa, os quais ora submeto à elevada apreciação dos Senhores Membros do Congresso Nacional.

Brasília, 14 de dezembro de 1973.

(a) ....

Mensagem n. . . . . .

Senhores Membros da Câmara Municipal:

Como já é do conhecimento dessa Egrégia Câmara, a arrecadação municipal, nesta época do ano, sofre sensível decréscimo, em decorrência de fatores sobejamente conhecidos e que não cabe aqui analisar.

Ocorre que, em determinados meses, a receita se mostra insuficiente até para fazer frente às despesas normais de custeio dos serviços, quanto mais para saldar os compromissos resultantes de investimentos e aquisição de material permanente.

Ora, o Município possui, dentro do quadro urbano da sede, uma área, já demarcada, de . . . . . hectares, cujo parcelamento estamos propondo no Projeto anexo, para venda a pessoas que ainda não possuam casa própria, mediante pagamento no ato ou em prestações mensais.

Com essa medida, a Municipalidade, além de proporcionar, a um grande contingente de pessoas menos favorecidas pela sorte, os meios de poderem contar com moradia própria, veria, com o produto das vendas, consideravelmente aumentada sua arrecadação.

Porto Alegre, ... de . . . . de . . . . .

(a) ....

20 – Ofício

20.1 – Conceito

"*Ofícios* são comunicações escritas que as autoridades fazem entre si, entre subalternos e superiores, e entre a Administração e particulares, em caráter oficial." (Hely Lopes Meirelles – *Direito administrativo Brasileiro*)

20.2 – Generalidades

O ofício é o tipo mais comum de correspondência oficial. Exatamente por ser documento da *correspondência oficial*, só pode ser expedido por *órgão público*, em objeto de serviço. Seu destinatário, no entanto, além de outro órgão público, pode ser também um particular.

Normalmente, o conteúdo do ofício é matéria administrativa propriamente dita, mas ele pode veicular também matéria de caráter social, oriunda do relacionamento da autoridade em virtude de seu cargo ou função.

20.3 – Partes

a) *Timbre* (cabeçalho) – dizeres impressos na folha, ao alto, às vezes completados na digitação. Identifica a esfera administrativa e o órgão donde provém o documento.

b) *Índice e número* – iniciais do órgão (departamento, divisão, etc.) que expede o ofício, seguidas do número de ordem do documento. O índice tem razão de ser quando a correspondência do órgão é descentralizada.

O índice e o número são colocados junto à margem esquerda. Costuma-se separar o índice do número por uma diagonal (/); o número do ofício e o ano são, normalmente, separados por um hífen: Of. n. DP/587-74 (Ofício n. 587, do ano de 1974, expedido pelo Departamento de Pessoal).

c) *Local e data* – na mesma altura do índice e do número, de preferência, em direção à margem direita do papel. É desaconselhável, no ofício,

a grafia abreviada dos elementos da data, devendo-se empregar a forma analítica:

Porto Alegre, 18 de abril de 2016.

Note-se que o nome do mês é escrito com inicial *minúscula* e, ainda, que não vai ponto entre o milhar e a centena no número indicativo do ano. Coloca-se, no entanto, um ponto após o número do ano.

d) *Assunto* – resumo do assunto principal do ofício. Raramente aparece em ofícios rotineiros. Justifica-se mais sua presença quando o documento é muito extenso. Ex.:

Assunto: Remessa de publicações.

Assunto: Inspeção de saúde em servidor (solicita).

e) *Vocativo* – tratamento e cargo ou função do destinatário, seguidos, preferentemente, de dois-pontos (Veja item 2.22,p. 30.):

Senhor Superintendente:

Excelentíssimo Senhor Governador:

Senhor Professor:

Não se deve, na correspondência oficial, usar o vocativo "Prezado Senhor", salvo quando se trata de correspondência social da autoridade, emitida em razão de seu cargo ou função.

f) *Texto* – exposição do assunto. Consta de uma ligeira introdução e da explanação, isto é, o corpo propriamente dito do ofício. Na maioria dos casos, a introdução e a explanação se inter-relacionam de tal modo, que não é possível distingui-los.

O texto terá tantos parágrafos quantos forem necessários, seguidamente numerados (algarismos arábicos), com exceção do primeiro. Havendo necessidade, podem-se desdobrar os parágrafos em alíneas. A numeração dos parágrafos não é muito comum. Ela é particularmente recomendável em ofícios mais extensos, pois facilitará uma eventual referência ao assunto tratado ou sua identificação.

g) *Fecho* – fórmula de cortesia. Pode-se alinhá-lo pelos parágrafos do texto, mas sem numerá-lo, ou posicioná-lo acima da assinatura. Sobre tipos de fecho, veja o item *20.5 – Introduções e fechos de ofício*, especialmente a alínea *b (Fechos).*

h) *Assinatura* – nome do signatário, com seu cargo ou função. O designativo do cargo ou função deve vir separado por vírgula do nome do signatário, já que se trata de um verdadeiro *aposto*:

Válter Moreira, Superintendente.	Carlos Morais, Presidente.

Nos exemplos dados, "Superintendente" e "Presidente" exercem a função de aposto dos nomes a que se referem, o que justifica plenamente, do ponto de vista gramatical, a pontuação.

Na correspondência oficial civil, não se justifica a anteposição de qualquer título profissional (Bacharel, Engenheiro, etc.) ao nome do signatário, já que este assina o documento em razão do cargo que ocupa ou da função que exerce.

Não há, por outro lado, razão para escrever integralmente em maiúsculas o nome e o cargo ou função do signatário. É suficiente o emprego de iniciais maiúsculas.

Nota – Não se digitam o nome e o cargo nos ofícios (e em quaisquer outras comunicações) assinados pelo Presidente da República.

i) *Endereço* (destino) – tratamento e designativo do cargo ou função do destinatário, seguidos da localidade de destino. Embora só se devesse citar o cargo ou a função do destinatário, costuma-se, atualmente, mencionar também seu nome civil, sempre que conhecido. Para essa inovação, alegam-se razões de boa educação, deferência ou cortesia. Os inconvenientes surgem quando, sem conhecimento do remetente, ocorrem mudanças funcionais na repartição ou órgão destinatário: substituição, exoneração, etc.

O endereço é colocado embaixo, junto à margem esquerda da folha. Geralmente ocupa duas ou três linhas, que vão, no máximo, até dois terços da largura do papel. Como se nota, o endereçamento, no ofício, é horizontal, e não vertical (em forma de escadinha), como é na correspondência comercial.

Exemplos de endereçamento em ofício:

Ao Senhor Delegado Regional do IPASE – NESTA CAPITAL.

Ao Senhor Fulano de Tal,
Diretor do Colégio Estadual Maurício Cardoso,
SANTA CRUZ DO SUL (RS).

A Sua Excelência o Senhor Deputado Fulano de Tal,
Presidente da Assembleia Legislativa Estadual,
BELO HORIZONTE (MG).

Ao Senhor Fulano de Tal,
Diretor da Biblioteca Pública Estadual – N/C.

Note-se a pontuação dos diversos elementos do endereço: a virgulação do aposto (designativo do cargo ou função do destinatário) e o ponto-final. Trata-se de termos oracionais, embora estejam lançados em coluna, o que não muda, em absoluto, sua função.

Mesmo que o ofício conste de duas ou mais folhas, ainda assim o endereço deve ser colocado na folha inicial, o que facilita sua rápida identificação.

j) *Iniciais* – siglas do redator e do digitador. Devem ser *ambas* com letras maiúsculas, uma vez que se trata de iniciais de nomes próprios.

Nota – Uma diagonal (/) logo acima do endereço, junto à margem esquerda, significa que o documento contém anexos, cujo número é indicado com algarismos arábicos:

/2 (O ofício contém 2 anexos.)

20.4 – Esquema

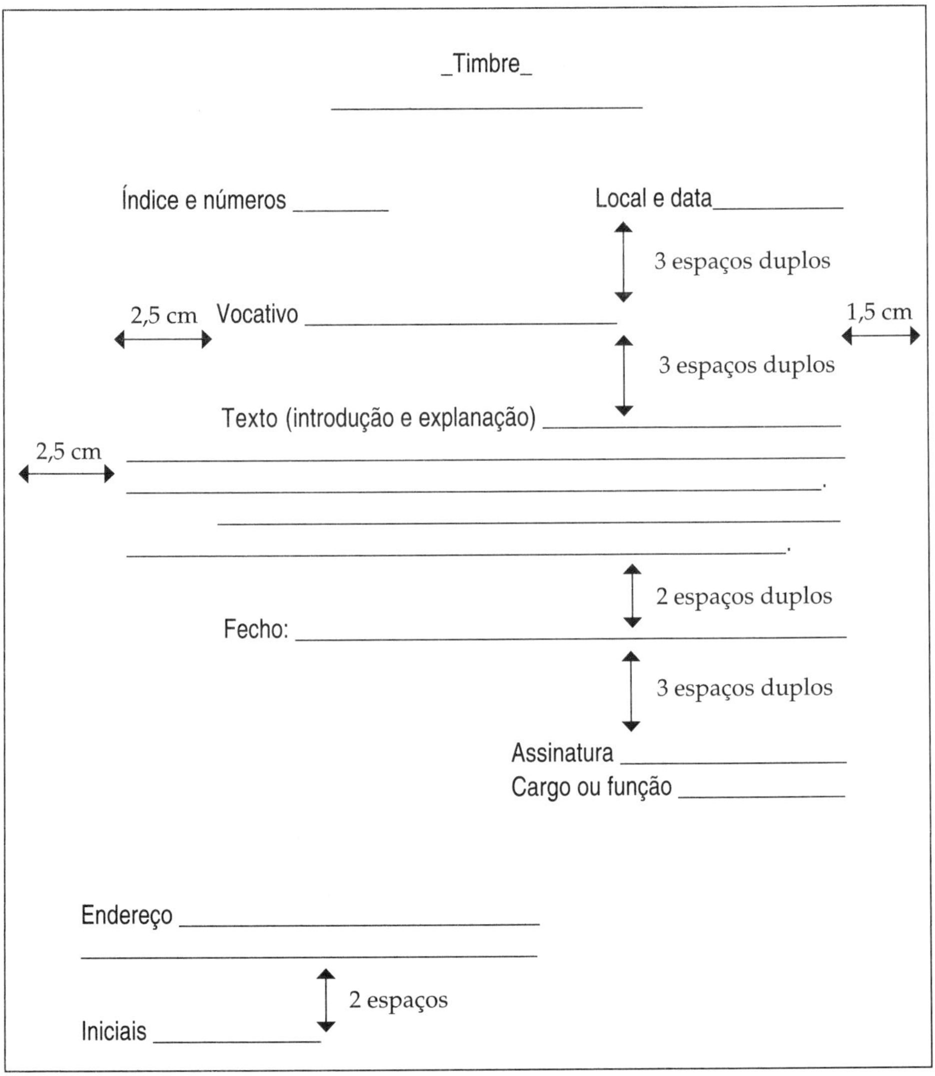

20.5 – Introduções e fechos de ofício

A *introdução* e o *fecho* são as partes do ofício que mais profundas marcas conservam da tradição de nosso estilo administrativo. Palavras, expressões e frases desnecessárias, redundantes, contraditórias, desconexas ou arcaicas ocupam, muitas vezes, cinco de um total de sete ou oito linhas de um ofício. Quem não deixa para trás, num relance de olhos, tais introduções, à procura da mensagem propriamente dita? E quem ainda lê tais fechos?

A linguagem tem em seu bojo o germe e o fermento da evolução, a serviço que está de um ser que, por meio dela, expressa uma realidade em contínua mutação.

Não é que se pregue a introdução, nas comunicações administrativas, da gíria fugaz ou da vulgaridade banal, mas que se dê alguma atenção aos "sinais dos tempos", identificadores de alterações sensíveis em nossa realidade, exigindo, por isso mesmo, uma expressão mais adequada à nova ordem de coisas.

Costumes e usos sociais, técnicas de trabalho, métodos de administração, ensino e pesquisa, tudo sofre a influência contínua da evolução e do progresso. Por que não atualizar certas fórmulas e modos de dizer de nossa redação oficial, embora sempre com a necessária moderação e sobriedade, que dão feição própria e inconfundível às comunicações administrativas?

20.5.1. Introduções

Por que escrever "Vimos, por intermédio do presente, levar ao conhecimento de Vossa Senhoria que..." ou "Este tem por finalidade levar ao conhecimento de Vossa Senhoria que..."? "Vimos", "Por intermédio do presente" e "Este tem por finalidade" são expressões inteiramente desnecessárias, pois que nada acrescentam à mensagem; "levar ao conhecimento" é a mesma coisa que "comunicar". Assim, esses dois tipos de introdução seriam perfeitamente substituíveis por "Comunicamos a Vossa Senhoria que...", com uma economia de palavras superior a cinquenta por cento. Afinal, concisão não é sinônimo de rispidez, assim como prolixidade não é prova de cortesia.

Tanto se abusa, na introdução dos ofícios, de palavras como *honra, satisfação, prazer e gentileza,* que elas estão perdendo o seu real significado, tornando-se inexpressivas e sem o efeito desejado, mesmo nas situações em que caberia o seu uso.

Não há *satisfação* ou *prazer* em solicitar de alguém algo que lhe vai custar horas (até extraordinárias) de trabalho, como também não há nenhuma *honra* em comunicar a alguém uma ocorrência rotineira da atividade administrativa ou remeter-lhe determinado formulário ou documento de

serviço. Da mesma forma, não vai nenhuma *gentileza* em alguém executar uma tarefa que faz parte de seus deveres funcionais e cuja não execução implicaria, inclusive, a infração de normas administrativas. Pior ainda é quando se inicia com *satisfação* ou *prazer* um ofício portador de notícias deveras desagradáveis ao destinatário.

Trata-se, parece, em grande parte, de levar a sério o ato de redigir, fazendo-o conscientemente, não repetindo maquinalmente formas e fórmulas completamente inadequadas ao assunto que se está a explanar. Aqui entra em jogo a *propriedade vocabular*, isto é, o emprego da palavra certa no momento adequado.

Fale-se em *honra, satisfação, prazer, gentileza*, etc., mas quando essas palavras realmente couberem, isto é, quando houver, por exemplo, *honra* em convidar ou *satisfação* em comunicar, informar ou remeter algo. Não havendo razão para esses sentimentos, diga-se simplesmente: "Convidamos...", "Comunicamos...", "Remetemos...", "Solicitamos", "Informamos", etc.

20.5.2. Fechos

Também nos fechos, talvez até mais que nas introduções, revela-se nitidamente a tradição e o arcaísmo que marcam a redação de grande parte dos ofícios que se expedem nos diversos órgãos públicos. É raro ver um ofício sem os costumeiros "protestos de estima e apreço" ou, dependendo da categoria do destinatário, com "protestos de elevada estima e distinta consideração".

Grande número de redatores, segundo pudemos constatar, principalmente entre os mais jovens, ignoram por completo o sentido que tem a palavra *protesto* no fecho dos ofícios. Usam-na tão somente por hábito, embora lhes lembre, acima de tudo, a consequência de um título não pago no dia estipulado e, por isso mesmo, entregue ao cartório competente.

Estima e *apreço* são palavras sinônimas, razão por que não se justifica o seu emprego cumulativo no fecho do ofício.

Um fecho como "Aproveitamos o ensejo para reafirmar a Vossa Senhoria nossos protestos de estima e apreço" contém, na realidade, nada mais que duas redundâncias, uma vez que a ideia de *protestos* (= afirmações, garantias) já está contida no verbo *(re)afirmar*, e *estima* e *apreço*, como qualquer dicionário registra, são sinônimos.

Há também os que, cansados de "apresentar", "afirmar" ou "reafirmar protestos...", aproveitam (ou colhem) o ensejo para "augurar votos...", não se dando conta de que a ideia de *votos* já está contida no verbo *augurar* (= fazer votos). Dessa forma, desejando evitar uma impropriedade, esbarram em outra ainda pior.

Mais séria ainda é a impropriedade contida na frase, também usual em fechos de ofício, "Aproveitamos o ensejo para apresentar a Vossa

Senhoria *votos* de estima e apreço". Trata-se de frase cujo sentido escapa à inteligência comum dos mortais. Com efeito, o que poderiam significar esses "*votos* de estima e apreço"?

Outros tipos de fecho, por outras razões, também não cabem no ofício. Haja vista os seguintes: "Sem mais para o momento", "Sendo o que tínhamos a informar", "Limitados ao exposto", etc., os quais, mesmo na correspondência empresarial, donde provieram, já estão sendo, em boa hora, banidos, por absolutamente desnecessários.

Não somos obrigados a alimentar sentimentos de *estima* (ou *apreço*) para com todos, indistintamente, pois nisso vai muito de simpatia mútua ou inclinação natural. Além disso, como o ofício é, geralmente, correspondência trocada entre funcionários, em objeto de serviço, não é ele o melhor lugar para se extravasarem sentimentos pessoais.

Em qualquer situação devemos ser *respeitosos* com nossas autoridades e *atenciosos* com todas as pessoas. Num fecho de ofício, nada melhor do que demonstrar isso por meio de fórmulas mais expressivas e modernas, tais como *Respeitosas saudações*, ou *Respeitosamente*, para as autoridades superiores, inclusive o Presidente da República, e *Atenciosas saudações*, ou *Atenciosamente*, para as autoridades de mesma hierarquia ou de hierarquia inferior, bem como para os destinatários em geral.

Tais fechos, aliás, estão em consonância com o que estabelece a *Instrução normativa n. 4*, de 6 de março de 1992, do Secretário da Administração Federal, a qual limita a dois os fechos para todas as modalidades de comunicação oficial: *Respeitosamente* (para autoridades superiores, inclusive o Presidente da República) e *Atenciosamente* (para autoridades de mesma hierarquia ou de hierarquia inferior). *Respeitosas saudações* e *Atenciosas saudações* ficam, respectivamente, como variantes dos citados fechos.

Notas

1ª – Os fechos *Respeitosas saudações* e *Atenciosas saudações*, quando colocados autonomamente no final do texto, isto é, sem se inserirem numa unidade sintática com sujeito e verbo expressos, iniciam por inicial maiúscula e terminam por ponto-final. Têm, pois, a estrutura de frase nominal. Já os fechos *Respeitosamente* e *Atenciosamente*, nas mesmas condições, iniciam também com letra maiúscula, mas terminam por vírgula, que marca a omissão do verbo (subscrever-se, firmar-se, etc.). Isso porque, por se tratar de advérbios, que, sintaticamente, exercem função de natureza acessória (adjunto adverbial), ficam presos, no caso do fecho, a um verbo, mesmo que subentendido. Observe-se, por fim, que, na correspondência moderna, tanto na oficial como na empresarial, há uma tendência cada vez maior de o fecho de cortesia vir independente, isolado, no final do texto da comunicação. (Vejam-se, a propósito, os *modelos* de ofícios, a seguir.)

2ª – Os fechos de comunicações dirigidas a autoridades estrangeiras atendem a rito e tradição próprios, disciplinados no *Manual de redação do Ministério das Relações Exteriores* e expostos em obras específicas sobre linguagem internacional e diplomática. Assim, p. ex., na *linguagem internacional e diplomática* o ofício começa pela expressão "tenho a honra de" ou outra similar.

20.6 – Ofício militar

Seguindo a norma militar (Decreto n. 57.855-A, de 24 de fevereiro de 1966 – art. 98), alguns órgãos administrativos civis costumam colocar o destinatário do ofício logo abaixo do número do documento, junto à margem esquerda, da seguinte forma:

Do: (cargo do signatário)

Ao: (cargo do destinatário)

Assunto: (resumo do conteúdo do ofício)

Parece-nos melhor e é usada mais generalizadamente, na correspondência oficial civil, a forma anteriormente apresentada, isto é, com o endereçamento na parte inferior da folha.

20.7 – Modelos

....

Of. n DG/34-93

Porto Alegre, 12 de janeiro de 1993.

Senhor Supervisor:

Comunicamos a V. Sa. que, de acordo com a programação de trabalho aprovada para o presente exercício, este Tribunal realizará Inspeção Ordinária nesse Órgão, a partir de 10-2-93.

Dessa forma, solicitamos suas providências no sentido de proporcionar à Equipe de Inspeção deste Tribunal o amplo acesso a todas as dependências desse Órgão, condição indispensável ao pleno exercício da fiscalização financeira e orçamentária.

Atenciosas saudações. (ou)

Atenciosamente,

Fulano de Tal,

Diretor-Geral.

A Sua Senhoria o Senhor Fulano de Tal,
Supervisor Administrativo da Secretaria de Educação e Cultura,
NESTA CAPITAL

PST/ERT

Nota – As duas opções de fecho foram posicionadas acima da assinatura do remetente. Também poderiam estar alinhadas pelos parágrafos do texto.

Of. n. 896-74

Porto Alegre, 30 de abril de 1974.

Senhor Prefeito:

Informamos Vossa Excelência, em resposta ao seu Ofício n. 342-74, de que o processo de autorização de funcionamento do Colégio Bento Martins, no distrito de Três Encruzilhadas, nesse Município, entrará em pauta na próxima sessão plenária deste Conselho, a ser realizada no dia 3 de maio próximo.

Atenciosas saudações.

Fulano de Tal,
Presidente.

Ao Excelentíssimo Senhor Prefeito Municipal de IJUÍ – RS.

OP/NT

Notas

1ª – "Informamos Vossa Excelência de que..." ou "Informamos a Vossa Excelência que...". As duas regências são corretas e usuais.

2ª – Não há necessidade de repetir o conteúdo do ofício a que se está respondendo. Basta identificá-lo: Ofício n. 342-74.

3ª – "Atenciosas saudações" – "Atenciosas" com inicial maiúscula, pois é início de frase, mas "saudações" com inicial minúscula, já que é substantivo comum.

Of. n. 396-74

Porto Alegre, 30 de abril de 1974.

Senhor Diretor:

Dirigimo-nos a Vossa Senhoria para consultá-lo sobre a possibilidade de essa Escola ceder-nos 10 salas, no período de 15 a 22 de maio próximo, para a realização do IV Encontro Estadual de Professores de Artes Industriais, a ser promovido por este Departamento, em colaboração com a equipe técnica do Serviço Nacional de Aprendizagem Industrial, setor do Rio Grande do Sul.

Atenciosas saudações.

Fulano de Tal,
Diretor.

Ao Senhor Professor Fulano de Tal,
Diretor do Colégio Estadual Júlio de Castilhos – N/C.

LT/CT

Notas

1ª – No endereçamento, a vírgula entre o cargo e o nome do destinatário justifica-se pelo fato de o segundo termo exercer a função de aposto em relação ao primeiro.

2ª – As siglas do redator e do datilógrafo são ambas maiúsculas, já que são constituídas por letras iniciais de nomes *próprios*.

Of. n. GP/578-74

Porto Alegre, 29 de abril de 1974.

Senhor Professor:

Temos a satisfação de remeter a Vossa Senhoria, em anexo, um exemplar dos anais do SIMPÓSIO SOBRE A REFORMA DO ENSINO, promovido por esta Assembleia, pela sua Comissão de Educação e Cultura, com a finalidade de propiciar um amplo debate sobre a Lei n. 5.692, de 11 de agosto de 1971, que fixou diretrizes e bases para o ensino de primeiro e segundo graus.

Atenciosamente,

Fulano de Tal,
Presidente.

Ao Senhor Professor Fulano de Tal,
Escola Técnica de Comércio da UFRGS – N/C.

HS/ER

Notas

1ª – "Temos..." (primeira pessoa do *plural*), pois o signatário representa uma entidade coletiva.

2ª – A vírgula após "Atenciosamente" marca a omissão do verbo (subscrever: subscrevemo-nos).

3ª – "Presidente" exerce a função de aposto em relação a "Fulano de Tal", o que justifica a pontuação dos dois termos.

Of. n. DAC/654-74

Porto Alegre, 12 de setembro de 1974.

Senhor Diretor:

Temos a satisfação de convidar Vossa Senhoria para assistir ao espetáculo folclórico que esta Assembleia promoverá, no dia 20 do corrente, com início às 21 horas, em seu auditório, pelo transcurso de mais um aniversário da Epopeia Farroupilha.

Atenciosamente,

Fulano de Tal,
Presidente.

Ao Sr. Prof. Fulano de Tal.
Diretor da Escola de Folclore Zeca Neto – GUAÍBA (RS).

JFB/CBN

Nota – Em correspondência mais formal ou solene, é recomendável repetir o tratamento do destinatário no fecho.

Of. n. 786-74

Porto Alegre, 9 de setembro de 1974.

Senhor Presidente:

Tenho a honra de encaminhar a Vossa Excelência, no uso de atribuição constitucional, a fim de ser submetido à consideração do douto Plenário, o projeto de lei que autoriza a transferência de imóvel de propriedade do Estado para o patrimônio do Departamento Autônomo de Estradas de Rodagem e dá outras providências.

O expediente contém elementos que oferecem subsídios à apreciação da matéria.

Atenciosas saudações.

Euclides Triches,
Governador do Estado.

A Sua Excelência o Deputado Fulano de Tal,
Presidente da Assembleia Legislativa do Estado,
Palácio Farroupilha – NESTA CAPITAL.

LV/AD

Of. n. 34-73

Porto Alegre, 14 de maio de 1973.

Senhor Delegado:

Levamos ao conhecimento de Vossa Senhoria que, por iniciativa do Clube de Diretores Lojistas de Santa Rosa, foi comunicado, ao Excelentíssimo Senhor Governador do Estado, desmatamento recente às margens da Rodovia BR-285, no trecho Ijuí – Carazinho.

Como tal fato contrasta com a arborização da RS-15, recentemente executada pela comunidade de Santa Rosa, encarecemos a Vossa Senhoria que determine, para os devidos fins, a apuração de eventual irregularidade no referido desmatamento.

Atenciosas saudações.

Fulano de Tal,
Supervisor.

A Sua Senhoria o Senhor Delegado Regional do IBDF – N/C.

BT/LQ

Notas

1ª – "Levamos ao conhecimento" poderia, em princípio, ser substituído pela forma simples "Comunicamos". Ocorre que este último verbo aparece logo adiante, no mesmo período.

2ª – No endereçamento pode aparecer apenas o cargo do destinatário, omitindo-se seu nome civil.

Ofício-Circular COCLARCE/4-72

Brasília, 11 de dezembro de 1972.

Senhor Dirigente:

Tendo em vista a conveniência de se uniformizar a impressão dos modelos que acompanham a Instrução Normativa n. 6, de 24 de outubro último, deste Departamento, e que são partes integrantes dos projetos de decretos de classificação ou transformação dos cargos e funções do Grupo DAS-100, apraz-me transmitir a V. Sa. os Anexos I – I-A, II – Parte I, e II – Parte II, confeccionados no setor gráfico do Centro de Documentação e Informática, deste Órgão, solicitando se digne determinar providências no sentido de que sejam reproduzidos com estrita fidelidade ao formato, disposição, dimensões de colunas e barras, caracteres dos tipos, etc.

2. Ainda com o objetivo de se obter maior nitidez nos impressos, com vista, em especial, à correta publicação das tabelas pelo Departamento de Imprensa Nacional, recomenda-se que a reprodução dos modelos se faça por meio de máquinas impressoras, por ser inconveniente a utilização de processos mimeográficos.

3. Cumpre observar que os demais modelos que acompanham a referida Instrução Normativa n. 6-72, e que constituem elementos de instrução da proposta, deverão ser reproduzidos no mesmo tamanho dos anexos encaminhados por este Ofício-Circular, com rigorosa observância das características indicadas nos mesmos modelos, excluídas, entretanto, as expressões que foram colocadas entre parênteses para orientar o respectivo preenchimento.

Atenciosamente,

.............................,

....

(Encaminhado aos Dirigentes de Órgãos Setoriais e Seccionais de Pessoal)

(Extraído da revista *Administração e legislação*, n. 17 – MEC, com adaptações)

21 – Ordem de serviço

21.1 – Conceitos

"*Ordens de serviço* são determinações especiais dirigidas aos responsáveis por obras ou serviços públicos, contendo imposições de caráter administrativo, ou especificações técnicas sobre o modo e forma de sua realização." (Hely Lopes Meirelles – *Direito administrativo brasileiro*)

"*Ordem* ou *Instrução de Serviço* é ato interno de um órgão, pelo qual o seu titular regula procedimentos em geral, cujo controle lhe compete." (Secretaria de Apoio Administrativo – Departamento de Apoio – Diretoria de Documentação – Brasília-DF – *Normas sobre correspondência, comunicação e atos oficiais*)

21.2 – Generalidades

Trata-se de ato interno de um órgão administrativo, mediante o qual seu titular determina a realização de certo serviço ou regulamenta procedimentos para a sua execução, orienta os subalternos quanto ao desempenho de suas funções, especifica e caracteriza atividades, etc.

21.3 – partes

Embora se trate de documento com estrutura variável, às vezes semelhante à da portaria, apresenta, normalmente, as seguintes partes:

a) *Título* – identificação, número e data de expedição do ato. Às vezes a data é colocada após o texto, antes da assinatura da autoridade.

b) *Texto* – desenvolvimento do assunto. Pode conter vários parágrafos, numerados por algarismos cardinais e desdobráveis, se necessário, em incisos, alíneas e itens. Não se numera o primeiro parágrafo.

c) *Assinatura* – nome da autoridade e indicação do cargo que ocupa ou função que exerce.

21.4 – Modelos

ORDEM DE SERVIÇO N. 2-72

O SECRETÁRIO DE ESTADO DA FAZENDA, no uso de suas atribuições, em aditamento à Ordem de Serviço n. 1-72, de 10-1-72, desta Secretaria, determina que terão expediente externo também na parte da manhã, no horário das oito às onze horas, os seguintes órgãos do Tesouro do Estado, sediados na Capital:

a) Subordinados à Coordenadoria-Geral do ICM(S):

Divisão de Fiscalização da Grande Porto Alegre (DGP);

Divisão de Fiscalização do Trânsito de Mercadorias (DTM);

Divisão do Recenseamento e Programação Fiscais (RP).

b) Subordinado à Inspetoria-Geral da Fazenda:

Exatoria Estadual de Porto Alegre.

Porto Alegre, 13 de janeiro de 1972.

José H. M. de Campos,
Secretário da Fazenda.

ORDEM DE SERVIÇO N. GG/2-73

O GOVERNADOR DO ESTADO DO RIO GRANDE DO SUL, no uso de suas atribuições e em continuidade ao plano de centralização, na Capital, do pagamento de despesas do Interior, objetivando o melhor aproveitamento dos interesses orçamentários do Estado, de modo a permitir a elaboração da programação financeira de desembolso ajustada à efetiva disponibilidade do Tesouro, determina:

I – que, a partir de 1º de janeiro de 1973, todas as despesas realizadas no Interior, pelos órgãos da Administração Direta, sejam processadas na Capital, pelas respectivas repartições e encaminhadas para o Tesouro do Estado, que efetuará o pagamento, por intermédio da rede bancária, nas correspondentes localidades;

II – o uso de distribuição de tabelas de crédito às Exatorias Estaduais, pela Contadoria Setorial junto à Fazenda, fica reservado, tão somente, para as despesas que, necessariamente, devam ser atendidas no local de sua realização e referentes às seguintes rubricas:

a) SERVIÇOS DE TERCEIROS

Comunicações.

b) ENCARGOS DIVERSOS

Ajudas de custo e diárias de viagem;

Custas e emolumentos;

Despesas pequenas de pronto pagamento.

Palácio Piratini, em Porto Alegre, ... de . . . . de . . . . .

Edmar Fetter,
Vice-Governador do Estado, em exercício.

ORDEM DE SERVIÇO N. 1-72

O SECRETÁRIO DE ESTADO DA FAZENDA, no uso de suas atribuições,

considerando que, de acordo com o art. 3º, § 2º, da Lei n. 6.193, de 11 de janeiro de 1971, são sujeitos ao regime de trabalho de 44 horas semanais os funcionários em exercício na Secretaria da Fazenda;

considerando que a distribuição do horário de expediente de sábado pelos demais dias úteis da semana viria, em razão do prolongamento, a assegurar a continuidade dos serviços e a propiciar maior rendimento do trabalho;

considerando que o não funcionamento das repartições públicas aos sábados constitui, no Estado, regra geral;

considerando que, por força do Decreto n. 21.107, de 23-4-71, que dispõe sobre a arrecadação pela rede bancária, não mais ocorre aos sábados o vencimento de prazo para pagamento de tributos estaduais,

DETERMINA que, a partir de 17-1-72, o horário de 44 horas semanais será cumprido entre segunda e sexta-feira, e estabelece o expediente dos órgãos subordinados à Secretaria da Fazenda, como segue:

1) Órgãos sediados na Capital:

Turno da manhã:

Expediente interno – das 8h às 11h

Turno da tarde:

Expediente interno – das 13h às 18h48min

Expediente externo – das 13h às 17h

2) Órgãos sediados no Interior

Turno da manhã:

Expediente interno – das 8h às 11h30min

Expediente externo – das 8h às 11h15min

Turno da tarde:

Expediente interno – das 13h30min às 18h48min

Expediente externo – das 13h30min às 17h30min

3) No turno da tarde haverá uma pausa de vinte minutos, entre 17h10min e 17h30min, para os órgãos sediados na Capital; e, para os sediados no Interior, a ser estabelecida pelo chefe da unidade de trabalho.

4) A partir da vigência desta Ordem de Serviço, não haverá expediente aos sábados nos órgãos fazendários.

Secretaria da Fazenda, em Porto Alegre, 10 de janeiro de 1972.

José H. M. Hipólito Campos,
Secretário de Estado da Fazenda.

(DO/RS de 13-1-72)

22 – Parecer

22.1 – Conceitos

"*Parecer* é a opinião fundamentada, emitida em nome pessoal ou de órgão administrativo, sobre tema que lhe haja sido submetido para análise e competente pronunciamento. Visa fornecer subsídios para tomada de decisão."(Câmara dos Deputados – *Manual de redação*)

"É a fórmula segundo a qual certo órgão ou agente consultivo expede, fundamentadamente, opinião técnica submetida à sua apreciação." (Diogenes Gasparini – *Direito administrativo*)

22.2 – Características e efeitos

Na Administração Pública, o parecer, geralmente, é parte integrante de um processo, para o qual aponta solução favorável ou desfavorável, precedida da necessária justificação, com base em dispositivos legais, em jurisprudência e em informações.

Os pareceres, quando não aprovados por ato subsecutivo de autoridade competente, têm caráter meramente opinativo, sem vincular a Administração ou terceiros à sua conclusão ou motivação.

22.3 – Tipos

O parecer pode ser:

a) *facultativo* – quando a autoridade que o solicitou não está obrigada a observar as conclusões do documento.

b) *obrigatório*, quando a lei o exige como pressuposto para a prática do ato final.

c) *normativo* – se, ao ser aprovado, se tornar obrigatório para os casos idênticos que surgirem no futuro;

d) *vinculante* – quando a Administração é obrigada a solicitá-lo e a acatar a sua conclusão. Assim, p. ex., "Para conceder aposentadoria por invalidez, a Administração tem de ouvir o órgão médico oficial e não

pode decidir em desconformidade com a sua decisão. (Exemplo de Maria Sylvia Zanella Di Pietro – *Direito administrativo*).

22.4 – Partes

a) *Designação* – número do processo respectivo, ao alto, no centro do papel: Processo n. . . . .

b) *Título* – denominação do ato, seguido do número de ordem: Parecer n. ....

c) *Ementa* – resumo do assunto do parecer. A ementa deve ser sintética. É digitada em espaço simples, a dois espaços do título.

d) *Texto*, que constará de:

– *introdução* (histórico);

– *esclarecimentos* (análise do fato); e

– *conclusão*, clara e objetiva, do assunto.

A referência a elementos constantes no processo ou em seus anexos será feita com a indicação da folha que os contiver. O texto será dividido em itens, numerados com algarismos arábicos, exceto o primeiro, podendo ser desdobrados em alíneas, se necessário.

Nota – Muitas vezes, à semelhança do que acontece nas informações, o texto é encerrado com uma das seguintes frases convencionais: "À consideração de Vossa Senhoria"; "À consideração do Senhor Diretor"; "É o meu parecer, S. M. J."; etc.

e) *Fecho*, que compreende:

– o *local* e/ou a denominação do órgão (esta, geralmente, em forma de sigla);

– *data*; e

– *assinatura* – nome e cargo ou função de quem emite o parecer.

22.5 – Modelos

Processo n. . . . .–. . . .
Parecer n. . . . .–. . . .

– Inteligência dos artigos 36 e 135, parágrafo único, alínea *a*, ambos do Estatuto dos Funcionários.

– O conceito de trânsito atualmente adotado restringe-se ao período efetivamente gasto na viagem, não se justificando, durante ele, pagamento de diárias.

– Os gastos necessários a esse deslocamento são despesas de viagem, como tais se considerando não só o numerário correspondente ao bilhete de transporte, como todas as demais despesas feitas durante essa viagem e em razão dela, que correm por conta da Administração (Estatuto dos Funcionários, art. 127, § 2º).

A Coordenação de Legislação de Pessoal, deste Departamento (COLEPE), tendo em vista consulta formulada pelo Departamento Nacional de Obras e Saneamento do Ministério do Interior, em caso concreto, indaga sobre o conceito de trânsito, em face do que preceitua sua Formulação n. 72, publicada no *Diário Oficial* de 4 de outubro de 1971, calcada no Parecer n. 356-Z, de 6 de janeiro de 1958, do eminente então Consultor-Geral da República, o Exmo. Sr. Ministro . . . ., publicado no Diário Oficial de 4 de fevereiro de 1958, p. 2.244.

2. É que, segundo tal Formulação e por força do art. 135, parágrafo único, alínea *a*, do Estatuto dos Funcionários (Lei n. 1.711, de 28 de outubro de 1952), não faria jus o servidor a diárias durante o período de viagem, ainda que esta, dada a distância a percorrer e o meio de transporte utilizado, exigisse despesas de alimentação e pousada.

3. A interpretação proposta, neste processo, por uma das unidades da COLEPE, importando em modificação do conceito de trânsito até aqui adotado, contraria aquela formulação e pronunciamento da douta Consultoria-Geral da República, donde a audiência desta Consultoria Jurídica, a fim de que, se homologada a interpretação pretendida, seja ouvida a ilustrada Consultoria-Geral da República, em face da orientação atual, que decorre da manifestação referida no item 1, supra.

4. A interpretação conjugada dos artigos 35 e 135, parágrafo único, alínea *a*, do Estatuto dos Funcionários leva à conclusão de que o período de trânsito é apenas o necessário à viagem, embora as razões de veto parcial ao artigo 36, reproduzidas neste processo, pudessem fazer supor que nele se incluiriam também os dias que, em determinados casos, fossem arbitrados pela autoridade competente como necessários à adaptação no novo local. Mas o texto resultante do veto a isso não autoriza, e é o que prevalece.

5. Identificado o período necessário à viagem como o de trânsito, segue-se também que as despesas de transporte devem ser pagas pela Administração (Estatuto dos Funcionários, art. 127, § 2º). E nessas despesas não se incluem apenas o numerário correspondente ao bilhete de transporte, mas todos os gastos que forem efetuados nesse deslocamento, em razão dele, inclusive alimentação, pousada e abastecimento da viatura, se, pelo meio de transporte utilizado, isso for imprescindível. Terá assim, o servidor, de apresentar os respectivos comprovantes para ressarcimento de todas essas despesas, que constituem gastos de viagem e, como tais, a cargo da repartição.

6. Por aí se verifica que não há falar em diárias durante o período de trânsito, mas em gastos realizados com a viagem, inclusive com alimentação e pousada, abastecimento de viaturas, etc., o que deverá ser incluído nas despesas de viagem, a serem posteriormente ressarcidas pela Administração.

7. Creio que com essa interpretação se conciliam os dispositivos legais, sem que haja necessidade de violentar a inteligência do conceito de trânsito, de há muito firmado.

É o meu parecer, S. M. J.

Brasília, em 14 de maio de 1973.

. . . .,

Consultor Jurídico.

(*Administração e legislação,* julho de 1973, ano II, n. 23 – MEC)

Processo n. . . . .–. . . .
Parecer n. . . . .–. . . .

Lei n. 4.769-65. Interpretação. Os Conselhos Federal e Regionais dos Técnicos de Administração constituem uma única autarquia. O acervo decorrente da atuação da Junta Executiva e suas representantes administrativas se transfere ao Conselho Federal.

A Lei n. 4.769, de 9 de setembro de 1965, dispondo sobre o exercício da profissão de Técnico de Administração, criou os Conselhos Regionais e o Federal, sob a forma autárquica. Ademais, até que eles se formassem, determinou fosse constituída uma Junta Executiva, mediante decreto presidencial, para promover as medidas preparatórias necessárias à implantação do sistema. Essa Junta extinguir-se-ia com a formação do Conselho Federal, que lhe absorveria o acervo.

2. Com efeito, pelo Decreto n. 58.670, de 20 de junho de 1966, criou-se a citada Junta Executiva, que, por meio da Resolução n. 4, se permitiu designar Juntas Administrativas para a organização dos Conselhos Regionais e, até que esses se formassem, representá-la no encaminhamento das medidas necessárias à fiscalização do exercício da profissão e ao registro dos Técnicos de Administração, na área de sua jurisdição.

3. Criados os Conselhos, suscitaram-se dúvidas sobre se cada um de per si constitui um ente autárquico, ou se a autarquia, no caso, compreende o Conselho Federal e os Regionais. Ainda sobre se os recursos antes arrecadados pelas Juntas Administrativas devam integrar o acervo da Junta Executiva a ser absorvido pelo Conselho Federal, ou se se constituem em recursos dos Conselhos Regionais respectivos.

4. A clareza do texto legal, *data venia,* não permite discussão. Os Conselhos foram criados – di-lo o art. 6. da citada Lei n. 4.769 – "constituindo em seu conjunto uma autarquia". Vale dizer, na espécie, a autarquia é um todo integrado pelos Conselhos Regionais e Federal.

5. Por igual, para promover os atos preparatórios à implantação do sistema, a lei determinou se constituísse uma Junta Executiva. Até a criação dos Conselhos, portanto, o que existia era essa Junta. As Juntas Administrativas eram meras representantes, instrumentos de que se valia a Junta Executiva para tomar as medidas regionais necessárias ao fiel cumprimento de suas tarefas. O acervo decorrente da atuação da Executiva, nela compreendida, evidentemente, a de suas representantes administrativas, constitui todo ele o acervo de que trata o art. 19, § 2º, da Lei n. 4.769, tantas vezes citada, ou seja, o que deve ser absorvido pelo Conselho Federal.

Assim sendo, não há como pretender-se possa a arrecadação das Juntas Administrativas em referência transferir-se aos Conselhos Regionais. A tanto, não permite a lei. Com a devida pemissão.

Sob censura.

Brasília, 16 de junho de 1970.

Fulano de Tal,
Consultor-Geral da República.

(Normas sobre correspondência, comunicação e atos oficiais – MEC)

Nota – A expressão *sob censura,* no final do parecer acima, indica que a matéria está sujeita à crítica ou aprovação de outrem. Às vezes aparece sob a forma latina: "sub censura".

23 – Portaria

23.1 – Conceitos

"*Portarias* são atos administrativos internos pelos quais os chefes de órgãos, repartições ou serviços expedem determinações gerais ou especiais a seus subordinados, ou designam servidores para funções e cargos secundários. (Hely Lopes Meirelles – *Direito administrativo brasileiro*)

"Chamam-se *portarias* as determinações ou ordens baixadas por agentes administrativos categorizados, objetivando providências oportunas e convenientes para o bom andamento do serviço público. (José Cretella Júnior – *Tratado de direito administrativo*, vol. II)

23.2 – Generalidades

As portarias têm por objeto delegação de competência, designação de membros de comissões, criação de grupo-tarefa, aprovação e discriminação de despesas, homologação de concursos (inscrições, resultados, etc.), normas para execução de determinado serviço, lotação, remoção, licença, suspensão, dispensa, elogio ou censura de funcionários, etc.

Normalmente, as portarias só produzem efeitos dentro das repartições, dirigindo-se a uma classe de funcionários (portarias gerais) ou a um só funcionário (portarias especiais). Algumas vezes, porém, seu raio de ação alcança o público em geral, o que ocorre, por exemplo, com as que fixam preços a gêneros alimentícios ou as que, em situações normais ou especiais, disciplinam o trânsito, indicando as mãos e os estacionamentos, desviando o tráfego, etc.

23.3 – Partes

a) *Numeração* (classificação) – número do ato e data de expedição.

b) *Título* – denominação completa (em caracteres maiúsculos, de preferência) da autoridade que expede o ato.

c) *Fundamentação* – citação da legislação básica em que a autoridade apoia sua decisão, seguida da palavra *resolve*. Às vezes a citação de dispositivos legais é substituída pela expressão "no uso de suas atribuições" ou similar. É preferível citar explicitamente a legislação que fundamenta o ato, o que lhe dá maior autoridade e facilita a eventual análise ou constatação da validade e alcance da decisão nele contida.

A palavra *resolve* pode ser colocada logo após a fundamentação, ou em linha separada (com entrada de parágrafo e, de preferência, em caracteres maiúsculos), ou, ainda, imediatamente antes e na mesma linha do texto. Embora as três formas sejam encontráveis e válidas, a segunda é a mais estética e põe mais em destaque as partes fundamentais do ato (fundamentação e texto).

Em certas portarias aparecem, entre a *fundamentação* e a palavra *resolve*, os *considerandos*, que se destinam a justificar a decisão tomada.

d) *Texto* – desenvolvimento do assunto. Há portarias mais extensas, cujo texto é dividido em vários artigos ou parágrafos, devidamente numerados e subdivididos, quando necessário, em alíneas e itens.

e) *Assinatura* – nome da autoridade que expede o ato. É dispensável a indicação do cargo, pois esse já aparece, em destaque, no título (O MINISTRO DE ESTADO DA JUSTIÇA, ...). Todavia, em caso de assinatura por substituto, essa situação deverá ser indicada.

Nota – Nos órgãos subordinados à Secretaria da Receita Federal, do Ministério da Fazenda, as portarias devem conter *ementa*, segundo determina a Instrução Normativa n. 1, de 12 de setembro de 1969.

23.4 – Esquema

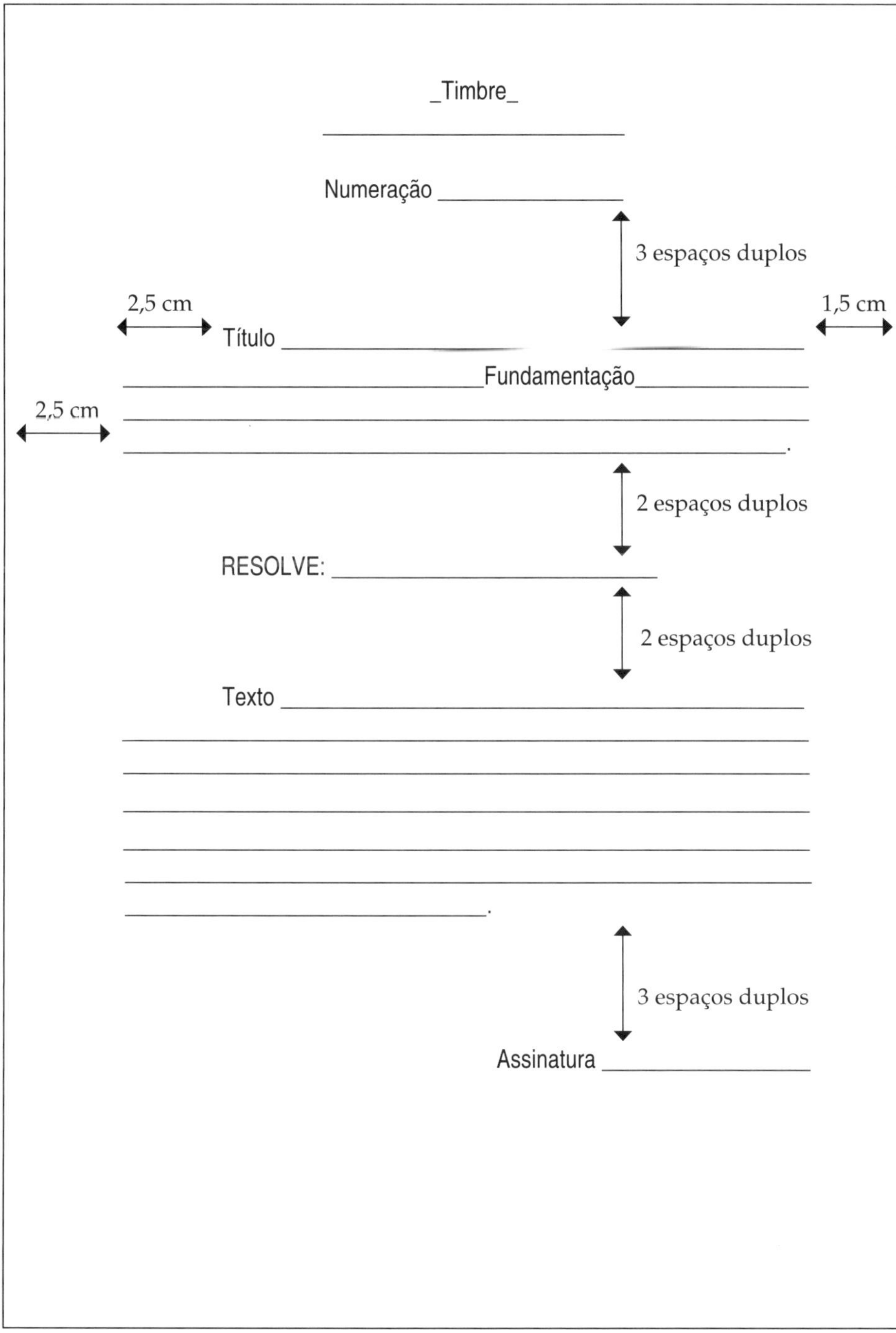
Timbre
Numeração
3 espaços duplos
2,5 cm
Título
1,5 cm
Fundamentação
2,5 cm
2 espaços duplos
RESOLVE:
2 espaços duplos
Texto
3 espaços duplos
Assinatura

23.5 – Modelos

PORTARIA N. 3.109, DE 13 DE ABRIL DE 1971.

O MINISTRO DO TRABALHO E PREVIDÊNCIA SOCIAL, usando de suas atribuições e

considerando o número insuficiente de Agentes de Inspeção na Delegacia Regional do Trabalho no Estado do Maranhão;

considerando que a situação peculiar daquele Estado, em relação às condições de produção e trabalho, exige, da parte deste Ministério, providências especiais e imediatas;

considerando, ainda, o que consta no Processo n. MTPS/319.974-70,

RESOLVE:

Fica elevado para cinquenta por cento, na Delegacia Regional do Trabalho no Estado do Maranhão, o percentual previsto na Portaria Ministerial n. 3.144, de 2 de março de 1970.

Júlio Barata

(DOU de 20-4-1971, p. 2.928)

PORTARIA N. 15, DE 28 DE FEVEREIRO DE 1972.

O MINISTÉRIO DE ESTADO DO PLANEJAMENTO E COORDENAÇÃO GERAL, usando de suas atribuições legais e de acordo com a alínea *b* do inciso II do artigo 1º do Decreto n. 66.622, de 22 de maio de 1970, resolve:

Art. 1º Alterar o Anexo A – Plano de Busca – do Plano Setorial de Informações do Ministério do Planejamento e Coordenação Geral, aprovado pela Portaria n. 131, de 24 de novembro de 1970.

Art. 2º A presente Portaria entrará em vigor na data de sua publicação.

João Paulo dos Reis Velloso

(DOU de 7-3-1972, p. 1.948)

PORTARIA N. 27, DE 3 DE FEVEREIRO DE 1972.

O DIRETOR DO INSTITUTO NACIONAL DE EDUCAÇÃO DE SURDOS (INES), no uso das atribuições que lhe confere a alínea *i* do artigo 15 do Regimento aprovado pelo Decreto n. 38.738, de 30 de janeiro de 1956,

considerando a oportunidade que tem o INES de colher subsídios práticos para oferecer às autoridades condições de promover a padronização do ensino técnico-pedagógico ao deficiente da audiocomunicação no Brasil, respeitando-se as diferenças regionais, dentro da reforma do ensino, Lei n. 5.692, de 11 de agosto de 1971;

considerando que o Instituto Nacional de Educação de Surdos adquiriu, por intermédio do Departamento de Educação Complementar, uma aparelhagem eletrônica completa do sistema Vibra-Som;

considerando a instalação de mais dois equipamentos eletrônicos, um da S. A. Philips do Brasil e outro do Centro Auditivo Telex;

considerando que os referidos equipamentos permitirão ao INES maior e melhor campo de pesquisas no rendimento escolar do educando deficiente da audição e da fala;

considerando que o professor de ensino especializado, do INES, necessita de atualização e adestramento especiais, resolve:

Art. 1º Autorizar o funcionamento do Curso de Reabilitação da Audição e da Fala pelo sistema Vibra-Som.

Art. 2º O Curso terá a duração de setenta e duas horas-aula e se desenvolverá em caráter intensivo.

Art. 3º Os professores considerados habilitados no referido Curso receberão um certificado de frequência e atualização específica.

Art. 4º O treinamento para uso da aparelhagem de prótese auditiva da S. A. Philips do Brasil e do Centro Auditivo Telex compreenderá períodos de palestra e prática, respectivamente.

Art. 5º Os citados cursos realizar-se-ão nos meses de fevereiro e março, com a colaboração do Centro de Estudos e Pesquisas do Instituto Nacional de Educação de Surdos (CEPINES) e de sua Seção de Preparação e Aperfeiçoamento de Pessoal (SPAP).

Art. 6º Revogadas as disposições em contrário, esta Portaria entrará em vigor na data de sua publicação.

Marino Gomes Ferreira

(DOU de 7-3-1972, p. 1.940)

PORTARIA N. 1, DE 29 DE MARÇO DE 1971.

O CHEFE DA SEÇÃO DE ADMINISTRAÇÃO DO DEPARTAMENTO NACIONAL DA PRODUÇÃO MINERAL, usando da atribuição que lhe confere o artigo 30, item XIII, do Regimento aprovado pelo Decreto n. 59.873, de 26 de dezembro de 1966,

RESOLVE:

Designar a Oficiala de Administração, nível 16-C, SARAH BLAJFEDER, para exercer a função gratificada, símbolo 9-F, de Encarregada da Turma de Telecomunicações da Seção de Administração do DNPM, vaga em virtude da dispensa de RUI ALOÍSIO DOS REIS, Oficial de Administração, nível 16-C.

Manoelita de Abreu e Silva

(DOU de 7-4-1971, p. 2.687)

PORTARIA N. SRF-402, DE 15 DE ABRIL DE 1971.

Determina exercício em Brasília.

O SECRETÁRIO DA RECEITA FEDERAL, no uso de suas atribuições, tendo em vista as determinações constantes na Portaria GB-80, de 11 de março de 1971, do Senhor Ministro da Fazenda, e de acordo com as disposições da Lei n. 4.019-61, regulamentada pelo Decreto n. 807, de 30-5-62, da Lei n. 5.863-67 e do Decreto n. 47.433, de 15-12-59, resolve:

I – Mandar servir em Brasília, nos Órgãos Centrais da Secretaria da Receita Federal, os seguintes servidores, constantes no quadro anexo, procedentes da Guanabara;

II – Tornar sem efeito a Portaria n. 323, de 2 de abril de 1971.

Antônio Amílcar de Oliveira Lima

(DOU de 20-4-1971, p. 2.897)

Nota – Observe-se que esta portaria, de acordo com o que determina a Instrução Normativa n. 1, de 12 de setembro de 1969, da Secretaria da Receita Federal (Ministério da Fazenda), contém *ementa*.

24 – Relatório

Relatar é ver para outrem.

24.1 – Conceitos

"*Relatório* é uma descrição de fatos passados, analisados com o objetivo de orientar o serviço interessado ou o superior imediato, para determinada ação". (G. Bousquié – *Como redigir um relatório*)

"*Relatório*, do ponto de vista da administração pública, é um documento oficial no qual uma autoridade expõe a atividade de uma repartição ou presta conta de seus atos a uma outra autoridade, de nível superior." (*Revista do serviço público*, abril de 1944)

24.2 – Generalidades

O relatório não é, em última análise, mais que um ofício desenvolvido, com a diferença de que este último serve para diversos tipos de comunicações (convites, agradecimentos, solicitações, etc.), ao passo que aquele é sempre a exposição ou narração de atividades ou fatos, com a discriminação de todos os seus aspectos ou elementos.

O objetivo do relatório é informar e esclarecer o seu destinatário. Este não pode saber tudo nem dar, sozinho, a melhor solução às questões sob sua responsabilidade. Assim, o relator, como seu colaborador, deve provê-lo de informações significativas, de maneira sincera, leal e exata.

24.3 – Tipos

Existem muitos tipos de relatórios, classificáveis sob vários pontos de vista. Dentro da finalidade deste livro, interessam-nos apenas aqueles relatórios menos complexos ou mais informais que um servidor é obrigado a elaborar, com o objetivo de prestar contas, a seu superior hierárquico, de tarefas ou encargos de que foi incumbido.

24.4 – Partes

A estrutura dos relatórios mais informais é simples, servindo a seguinte de sugestão:

a) *Título* – denominação do documento: Relatório.

b) *Invocação* – tratamento e cargo ou função da autoridade a quem é dirigido, seguidos, preferentemente, de dois-pontos: (Veja n. 2.22, p. 30.):

Senhor Superintendente:

c) *Texto* – exposição do assunto.

O texto do relatório deve obedecer, basicamente, à seguinte sequência:

– *Introdução* – referência à disposição legal ou à ordem superior que motivou ou determinou a feitura e apresentação do relatório. Após essa alusão, far-se-á breve menção ao assunto ou objeto do relatório.

A introdução serve, pois, para dizer por que o relatório foi feito e indicar os problemas ou fatos examinados.

– *Análise* – apreciação do assunto, com informações e esclarecimentos que se façam necessários à sua perfeita compreensão.

A análise deve ser honesta, objetiva e imparcial. O relator deve apenas registrar os fatos de que tenha conhecimento direto, ou mediante fontes seguras, abstendo-se de divagações ou apreciações de natureza subjetiva, sobre fatos desconhecidos ou pouco conhecidos.

Quando se fizer necessário, o relatório poderá ser acompanhado de tabelas, gráficos, fotografias e outros elementos que possam contribuir para o perfeito esclarecimento dos fatos e sua melhor compreensão por parte da autoridade a quem se destina o documento. Esses elementos podem ser colocados no corpo do relatório ou, se muito extensos, reunidos a ele em forma de anexo.

– *Conclusão* – Determinados os fatos e feita sua apreciação, chega o momento de se tirarem as conclusões, deduzidas logicamente da argumentação que as precede. Não podem ir além da análise feita, o que as tornaria insubsistentes e, por isso mesmo, despidas de qualquer valor.

– *Sugestões ou recomendações* – Muitas vezes, além de tirar conclusões, o relator também apresenta sugestões ou recomendações sobre medidas a serem tomadas, em decorrência do que constatou e concluiu. Essas sugestões ou recomendações devem, assim como as conclusões, ser precisas, práticas e concretas, devendo, também elas, sempre relacionar-se com a análise anteriormente feita.

Os diversos parágrafos do texto, com exceção do primeiro, podem ser numerados (com algarismos arábicos) e, se necessário, divididos em alí-

neas. É recomendável a numeração dos parágrafos, principalmente em relatórios um pouco mais extensos, pois, além de dar maior destaque às diferentes partes do texto, facilita as eventuais referências que a ele se queiram fazer.

d) *Fecho* – fórmula de cortesia. Usam-se, no relatório, as mesmas fórmulas do ofício. Trata-se de parte dispensável.

e) *Local e data*:

Porto Alegre, 26 de julho de 2015.

f) *Assinatura(s)* – nome e cargo ou função da(s), autoridade(s) ou servidor(es) que apresenta(m) o relatório.

24.5 – Modelos

RELATÓRIO

Senhor Diretor-Geral:

Consoante sua determinação, encaminhada a esta repartição em despacho fonográfico de 5 de junho do corrente ano, passamos a relatar-lhe os acontecimentos ocorridos no dia 1º de junho último, nesta repartição.

Encontrávamo-nos cumprindo nossas atribuições funcionais, quando entrou na repartição o cidadão Antônio Borges Ferreira, residente nesta cidade, o qual apenas conhecíamos de vista e que a nós se dirigiu solicitando informações sobre recolhimento de tributos devidos ao Estado.

2. Não estando esta repartição em condições de atender à consulta formulada, comunicamos ao referido Senhor que deveria fazê-la à Exatoria Estadual desta cidade.

3. Com isso não se conformou o referido cidadão, dizendo que nossa repartição nunca estivera tão mal atendida e que era um absurdo que não lhe pudéssemos prestar a informação de que necessitava.

4. Como continuasse a procurar provocar-nos, bem como aos demais funcionários, demos as costas, voltando à nossa mesa de trabalho.

5. Ainda ouvimos quando o referido cidadão dizia que iria comunicar o fato às autoridades em Porto Alegre.

6. Procuramos, durante os acontecimentos, manter a atitude compatível com o nosso cargo e nos abstivemos de qualquer resposta menos honrosa ao agressor verbal, o que, aliás, foi seguido pelos demais funcionários da repartição.

7. Presenciaram a deprimente cena os Srs. Antônio Ferreira Viana, José Alfeu Soares e Carlos Serres Oliveira, que se encontravam tratando de assuntos relacionados com esta repartição.

8. Dessa forma, embora desconhecendo as acusações que contra nós foram feitas pelo Sr. Antônio Borges Ferreira, de antemão podemos assegurar serem completamente destituídas de qualquer fundamento.

Sendo o que nos competia informar, atendendo à determinação dessa Direção-Geral, aguardamos com confiança o julgamento imparcial dos fatos pela superior administração.

Novo Hamburgo, ...de . . . . de . . . . .

Carlos Castro Barbosa,
Chefe do Serviço de . . . .

(Adaptado de *Português para concursos*, de Irajá Andara Rodrigues)

RELATÓRIO

. . . .:

Em cumprimento ao disposto na Instrução Normativa n. 8, de 11 de dezembro de 1972, desse Órgão, tenho a honra de encaminhar o anteprojeto de decreto de transposição e transformação de cargos relativos às Categorias Funcionais . . . . do Grupo . . . . estruturado pelo Decreto n. . . . ., de . . . . . de . . . . de 197. . . . ., do Quadro de Pessoal do . . . ., ocupados pelos funcionários habilitados no processo seletivo de que trata o artigo . . . . . do referido Decreto.

2. O anteprojeto mereceu aprovação ministerial por despacho de . . . . de . . . . de . . . . . e foi precedido das providências determinadas no artigo 8º, incisos I e II, da Lei n. 5.645, de 10 de dezembro de 1970, bem como da observância das normas estabelecidas no Decreto n. 70.320, de 23 de março de 1972, e no mencionado Decreto n. . . . ., de . . . . . de . . . . de . . . . ., inclusive quanto aos processos de treinamento e seletivo.

3. Em face do disposto no artigo 12 do referido diploma legal, esclareço que é ampliado o número de cargos, em confronto com os cargos e empregos existentes na área de atividades das Categorias, suprimindo-se, para compensar o acréscimo de despesa, ... cargos e empregos de quadros e tabelas do . . . ., a que corresponde o montante mensal de R$ . . . . , conforme demonstrativo anexo.

Tendo em vista o que se contém no inciso III do artigo 8º da Lei n. 5.645, de 1970, cumpre informar que o custo do anteprojeto é de R$ . . . . mensais, como se verifica do levantamento em anexo, e os recursos para o seu custeio são os resultantes da supressão de cargos e empregos a que se refere o item anterior e . . . .

5. Finalmente, cabe observar que os atuais cargos que estão sendo transformados e transpostos são os constantes no Decreto n . . . ., de . . . . . de . . . . de . . . . ., e os cargos e empregos que estão sendo suprimidos constam no Decreto n. . . . ., de . . . . . de . . . . de . . . . .

Respeitosamente,

. . . .,
. . . .

(Adaptado de *Administração e Legislação*, n. 17, MEC)

PREFEITURA MUNICIPAL DE
PALMEIRA DOS ÍNDIOS

RELATÓRIO
ao Governo do Estado de Alagoas

Exmo. Sr. Governador:

Trago a V. Exa. um resumo dos trabalhos realizados pela Prefeitura de Palmeira dos Índios em 1928.

Não foram muitos, que os nossos recursos são exíguos. Assim minguados, entretanto, quase insensíveis ao observador afastado, que desconheça as condições em que o Município se achava, muito me custaram.

COMEÇOS

O PRINCIPAL, o que sem demora iniciei, o de que dependiam todos os outros, segundo creio, foi estabelecer alguma ordem na administração.

Havia em Palmeira inúmeros prefeitos: os cobradores de impostos, o comandante do destacamento, os soldados, outros que desejassem administrar. Cada pedaço do Município tinha a sua administração particular, com prefeitos coronéis e prefeitos-inspetores de quarteirões. Os fiscais, esses, resolviam questões de polícia e advogavam.

Para que semelhante anomalia desaparecesse, lutei com tenacidade e encontrei obstáculos dentro da Prefeitura e fora dela – dentro, uma resistência mole, suave, de algodão em rama; fora, uma campanha sorna, oblíqua, carregada de bílis. Pensavam uns que tudo ia bem nas mãos de Nosso Senhor, que administra melhor do que todos nós; outros me davam três meses para levar um tiro.

Dos funcionários que encontrei em janeiro do ano passado restam poucos: saíram os que faziam política e os que não faziam coisa nenhuma. Os atuais não se metem onde não são necessários, cumprem as suas obrigações e, sobretudo, não se enganam em contas. Devo muito a eles.

Não sei se a administração do Município é boa ou ruim. Talvez pudesse ser pior.

RECEITA E DESPESA

A receita, orçada em 50:000$000, subiu, apesar de o ano ter sido péssimo, a 71:649$290, que não foram sempre bem aplicados por dois motivos: porque não me gabo de empregar dinheiro com inteligência e porque fiz despesas que não faria se elas não estivessem determinadas no orçamento.

PODER LEGISLATIVO

Despendi com o poder legislativo 1:616$484 – pagamento a dois secretários, um que trabalha, outro aposentado, telegramas, papel, selos.

ILUMINAÇÃO

A iluminação da cidade custou 8:921$800. Se é muito, a culpa não é minha: é de quem fez o contrato com a empresa fornecedora de luz.

OBRAS PÚBLICAS

Gastei com obras públicas 2:908$350, que serviram para construir um muro no edifício da Prefeitura, aumentar e pintar o açougue público, arranjar outro açougue para gado miúdo,

reparar as ruas esburacadas, desviar as águas que, em épocas de trovoadas, inundavam a cidade, melhorar o curral do matadouro e comprar ferramentas. Adquiri picaretas, pás, enxadas, martelos, marrões, marretas, carros para aterro, aço para brocas, alavancas, etc. Montei uma pequena oficina para consertar os utensílios estragados.

EVENTUAIS

Houve 1:069$700 de despesas eventuais: feitio e conserto de medidas, materiais para aferição, placas.

724$000 foram-se para uniformizar as medidas pertencentes ao Município. Os litros aqui tinham mil e quatrocentos gramas. Em algumas aldeias subiam, em outras desciam. Os negociantes de cal usavam caixões de querosene e caixões de sabão, a que arrancavam tábuas, para enganar o comprador. Fui descaradamente roubado em compras de cal para os trabalhos públicos.

CEMITÉRIO

No cemitério enterrei 189$000 – pagamento ao coveiro e conservação.

ESCOLA DE MÚSICA

A Filarmônica 16 de Setembro consumiu 1:990$660 – ordenado de um mestre, aluguel de casa, material, luz.

FUNCIONÁRIOS DA JUSTIÇA E DA POLÍCIA

Os escrivães do júri, do cível e da polícia, o delegado e os oficiais de justiça levaram 1:843$314.

ADMINISTRAÇÃO

A administração municipal absorveu 11:457$497, vencimentos do prefeito, de dois secretários (um efetivo, outro aposentado), de dois fiscais, de um servente; impressão de recibos, publicações, assinatura de jornais, livros, objetos necessários à secretaria, telegramas.

Relativamente à quantia orçada, os telegramas custaram pouco. De ordinário vai para eles dinheiro considerável. Não há vereda aberta pelos matutos, forçados pelos inspetores, que prefeitura do interior não ponha no arame, proclamando que a coisa foi feita por ela; comunica-se as datas históricas ao governo do Estado, que não precisa disso; todos os acontecimentos políticos são badalados. Porque se derrubou a Bastilha – um telegrama; porque se deitou uma pedra na rua – um telegrama; porque o deputado F. esticou a canela – um telegrama. Dispêndio inútil. Toda a gente sabe que isto por aqui vai bem, que o deputado morreu, que nós choramos e que em 1556 D. Pedro Sardinha foi comido pelos caetés.

ARRECADAÇÃO

As despesas com a cobrança de impostos montaram a 5:602$244. Foram altas porque os devedores são cabeçudos. Eu disse ao Conselho, em relatório, que aqui os contribuintes pagam ao Município se querem, quando querem e como querem.

Chamei um advogado e tenho seis agentes encarregados da arrecadação, muito penosa. O Município é pobre e demasiado grande para a população que tem, reduzida por causa das secas continuadas.

LIMPEZA PÚBLICA – ESTRADAS

No orçamento limpeza pública e estradas incluíram-se numa só rubrica. Consumiram 25:111$152.

Cuidei bastante da limpeza pública. As ruas estão varridas; retirei da cidade o lixo acumulado pelas gerações que por aqui passaram; incinerei monturos imensos, que a Prefeitura não tinha suficientes recursos para remover.

Houve lamúrias e lamentações por se haver mexido no cisco, preciosamente guardado em fundos de quintais; lamúrias, reclamações e ameaças porque mandei matar algumas centenas de cães vagabundos; lamúrias, reclamações, guinchos, ameaças, berros e coices dos fazendeiros que criavam bichos nas praças.

POSTO DE HIGIENE

Em falta de verba especial, inseri entre os dispêndios realizados com a limpeza pública os relativos à profilaxia do Município.

Contratei com o Dr. Leorne Menescal, chefe do Serviço de Saneamento Rural, a instalação de um posto de higiene, que, sob a direção do Dr. Hebreliano Wanderley, tem sido de grande utilidade à nossa gente.

VIAÇÃO

Consertei as estradas de Quebrângulo, da Porcina, de Olhos d'Água aos limites do Limoeiro, na direção de Cana Brava.

Foram reparos sem grande importância e que apenas menciono para que esta exposição não fique incompleta.

Faltam-nos recursos para longos tratos de rodovias, e quaisquer modificações em caminhos estreitos, íngremes, percorridos por animais e veículos de tração animal, depressa desaparecem. É necessário que se esteja sempre a renová-las, pois as enxurradas levam num dia o trabalho de meses e os carros de bois escangalham o que as chuvas deixam.

Os empreendimentos mais sérios a que me aventurei foram a estrada de Palmeira de Fora e o terrapleno da Lagoa.

ESTRADA DE PALMEIRA DE FORA

Tem oito metros de largura e, para que não ficasse estreita em uns pontos, larga em outros, uma parte dela foi aberta em pedra.

Fiz cortes profundos, aterros consideráveis, valetas e passagens transversais para as águas que descem dos montes.

Cerca de vinte homens trabalharam nela quase cinco meses.

Parece-me que é uma estrada razoável. Custou 5:049$400.

Tenciono prolongá-la à fronteira de Santana do Ipanema, não nas condições em que está, que as rendas do Município me não permitiriam obra de tal vulto.

OUTRA ESTRADA

Como, a fim de não inutilizar-se em pouco tempo, a estrada de Palmeira de Fora se destina exclusivamente a pedestres e a automóveis, abri outra paralela ao trânsito de animais.

TERRAPLENO DA LAGOA

O espaço que separa a cidade do bairro da Lagoa era uma coelheira imensa, um vasto acampamento de tatus, qualquer coisa deste gênero.

Buraco por toda a parte. O aterro que lá existiu, feito na administração do prefeito Francisco Cavalcante, quase que havia desaparecido.

Em um dos lados do caminho abria-se uma larga fenda com profundidade que variava de três para cinco metros. A água das chuvas, impetuosa em virtude da inclinação do terre-

no, transformava-se em verdadeira torrente, o que aumentava a cavidade e ocasionava sério perigo aos transeuntes. Além disso outras aberturas se iam formando, os invernos cavavam galerias subterrâneas, e aquilo era inacessível a veículo de qualquer espécie.

Empreendi aterrar e empedrar o caminho, mas reconheci que o solo não fendido era inconsistente: debaixo de uma tênue camada de terra de aluvião, que uma estacada sustentava, encontrei lixo. Retirei o lixo, para preparar o terreno e para evitar fosse um monturo banhado por água que logo entrava em um riacho de serventia pública. Quase todos os trabalhadores adoeceram.

Estou fazendo dois muros de alvenaria, extensos, espessos e altos, para suportar o aterro. Dei à estrada nove metros de largura. Os trabalhos vão adiantados.

Durante meses mataram-me o bicho do ouvido com reclamações de toda a ordem contra o abandono em que se deixava a melhor entrada para a cidade. Chegaram lá pedreiros – outras reclamações surgiram, porque as obras irão custar um horror de contos de réis, dizem.

Custarão alguns, provavelmente. Não tanto quanto as pirâmides do Egito, contudo. O que a Prefeitura arrecada basta para que nos não resignemos às modestas tarefas de varrer as ruas e matar cachorros.

Até agora as despesas com os serviços da Lagoa sobem a 14:418$627.

Convenho em que o dinheiro do povo poderia ser mais útil se estivesse nas mãos, ou nos bolsos, de outro menos incompetente do que eu; em todo o caso, transformando-o em pedra, cal, cimento, etc., sempre procedo melhor que se o distribuísse com os meus parentes, que necessitam, coitados.

(Os gastos com a estrada de Palmeira de Fora e com o terrapleno estão, naturalmente, incluídos nos 25:111$152 já mencionados.)

DINHEIRO EXISTENTE

Deduzindo-se da receita a despesa e acrescentando-se 105$858 que a administração passada me deixou, verifica-se um saldo de 11:044$947.40$897 em caixa e 11:004$050 depositados no Banco Popular e Agrícola de Palmeira. O Conselho autorizou-me a fazer o depósito.

Devo dizer que não pertenço ao banco nem tenho lá interesse de nenhuma espécie. A Prefeitura ganhou: livrou-se de um tesoureiro, que apenas serviria para assinar as folhas e embolsar o ordenado, pois no interior os tesoureiros não fazem outra coisa, e teve 615$050 de juros.

Os 40$897 estão em poder do secretário, que guarda o dinheiro até que ele seja colocado naquele estabelecimento de crédito.

LEIS MUNICIPAIS

Em janeiro do ano passado não achei no Município nada que se parecesse com lei, fora as que havia na tradição oral, anacrônicas, do tempo das candeias de azeite.

Constava a existência de um código municipal, coisa inatingível e obscura. Procurei, rebusquei, esquadrinhei, estive quase a recorrer ao espiritismo, convenci-me de que o código era uma espécie de lobisomem.

Afinal, em fevereiro, o secretário descobriu-o entre papéis do Império. Era um delgado volume impresso em 1865, encardido e dilacerado, de folhas soltas, com aparência de primeiro livro de leitura de Abílio Borges. Um furo. Encontrei no folheto algumas leis, aliás bem-redigidas, e muito sebo.

Com elas e com outras que nos dá a Divina Providência consegui aguentar-me, até que o Conselho, em agosto, votou o código atual.

CONCLUSÃO

Procurei sempre os caminhos mais curtos. Nas estradas que se abriram só há curvas onde as retas foram inteiramente impossíveis.

Evitei emaranhar-me em teias de aranha.

Certos indivíduos, não sei por que, imaginam que devem ser consultados; outros se julgam autoridade bastante para dizer aos contribuintes que não paguem impostos.

Não me entendi com esses.

Há quem ache tudo ruim, e ria constrangidamente, e escreva cartas anônimas, e adoeça, e se morda por não ver a infalível maroteirazinha, a abençoada canalhice, preciosa para quem a pratica, mais preciosa ainda para os que dela se servem como assunto invariável; há quem não compreenda que um ato administrativo seja isento de lucro pessoal; há até quem pretenda embaraçar-me em coisa tão simples como mandar quebrar as pedras dos caminhos.

Fechei os ouvidos, deixei gritarem, arrecadei 1:325$500 de multas.

Não favoreci ninguém. Devo ter cometido numerosos disparates. Todos os meus erros, porém, foram erros da inteligência, que é fraca.

Perdi vários amigos, ou indivíduos que possam ter semelhante nome.

Não me fizeram falta.

Há descontentamento. Se a minha estada na Prefeitura por estes dois anos dependesse de um plebiscito, talvez eu não obtivesse dez votos. Paz e prosperidade.

Palmeira dos Índios, 10 de janeiro de 1929.

Graciliano Ramos

(Da obra *Viventes das Alagoas,* de Graciliano Ramos – 2ª ed., São Paulo, Livraria Martins Editora)

Nota – Observe-se, no relatório de Graciliano Ramos, datado de 1929, a simplicidade, a clareza e a objetividade de estilo, qualidades que fazem falta a muitos dos relatórios que se redigem agora, mais de oitenta anos depois, em muitos órgãos públicos. Sinal evidente de que, em matéria de estilo administrativo, nem sempre se progride.

25 – Requerimento

25.1 – Conceitos

"*Requerimento é* Documento formal ou informal que, no exercício do *direito de petição* [grifo no oritinal], qualquer pessoa solicita de autoridade pública providência de natureza administrativa." (J. M. Sidou –*Dicionário jurídico*, 9. ed., 2004)

"*Requerimento* é o instrumento por meio do qual o interessado requer a uma autoridade administrativa um direito do qual se julga detentor." (Câmara dos Deputados – *Manual de redação*)

25.2 – Generalidades

O requerimento pode ser usado por qualquer pessoa que tenha interesse no serviço público, seja, ou não, servidor público. Deve ser dirigido à autoridade competente para conhecer, analisar e solucionar o caso, podendo ser manuscrito ou digitado.

Uma vez que o requerimento é veículo de solicitação sob o amparo da lei, somente pode ser dirigido a *autoridades públicas*. Pedidos a entidades particulares fazem-se por carta ou, quando provenientes de órgão público, por ofício. Podem-se, no entanto, dirigir requerimentos a colégios particulares. Esses, com efeito, exercem, por uma espécie de delegação, atividades próprias do poder público, pelo qual têm seus serviços rigidamente regulados e fiscalizados.

25.3 – Pessoa gramatical

Por respeito e deferência à autoridade a quem é dirigido, convém se faça o requerimento na *terceira pessoa* (e não na primeira):

FULANO DE TAL, ..., *requer* ...

O emprego da primeira pessoa (Eu, FULANO DE TAL, ...) soa como descortesia da parte do requerente para com a autoridade destinatária do pedido, dando-lhe certo caráter de exigência pretensiosa e ríspida. Há,

por outro lado, pessoas que iniciam o requerimento na primeira pessoa, e depois, condicionadas pelo costume, voltam à terceira pessoa. Por tudo isso é melhor começar ... e terminar o requerimento na terceira pessoa.

25.4 – Partes

a) *Vocativo* – título (tratamento e nome do cargo ou função) do destinatário. Uma vez que o requerimento é dirigido à autoridade pública, e não à pessoa em si, não há razão para se mencionar o nome civil dela. Aliás, o fato de se citar o nome civil da autoridade pode trazer vários inconvenientes, em casos de substituição, demissão, etc.

Não se coloca, depois do vocativo, nenhuma fórmula de saudação. Em muitos casos, principalmente em requerimentos não feitos por servidor pertencente ao quadro funcional do órgão destinatário, o vocativo é seguido da localidade de destino do documento:

Senhor Delegado Regional do IPASE,

PORTO ALEGRE (RS).

b) *Preâmbulo* – nome do requerente (todo ele em caracteres maiúsculos, de preferência) e sua qualificação: nacionalidade, estado civil, idade, filiação, naturalidade, domicílio, residência, etc. O número de dados sobre o requerente pode ser maior ou menor, tudo dependendo da finalidade (pedido de inscrição em concurso público ou de matrícula em estabelecimento de ensino, por exemplo) e destinação do documento (dirigido à autoridade do órgão em que o requerente trabalha, ou à de órgão ao qual o requerente não esteja vinculado). Para inscrição em concurso público, por exemplo, será imprescindível que o requerente, entre outros dados, indique sua nacionalidade e idade. Quando o documento é dirigido à autoridade do órgão em que o requerente exerce suas atividades, não precisará citar muitos dados, pois esses já constam em sua ficha funcional. Bastará, por exemplo, indicar o nome, o cargo, a lotação, o setor do órgão em que exerce suas funções e o número da matrícula ou do registro funcional.

Nota – Quando se trata de requerimento individual, não há necessidade de colocar, após o nome do requerente, a expressão *abaixo assinado*, uma vez que ele, forçosamente, irá assinar o documento.

c) *Texto* – exposição do pedido, em termos claros, simples, precisos e concisos. O requerimento, como, aliás, qualquer outro documento da correspondência oficial, não se presta à prática de devaneios literários.

Podem-se invocar leis, decretos e outros documentos em que se fundamenta o pedido, bem como declarar a finalidade do que se requer (para fins de...).

Não está muito de acordo com o estilo atual fazer-se acompanhar o verbo *requerer*, que introduz o pedido propriamente dito, de expressões como "vem mui respeitosamente", "vem à presença de", "para que se digne de" e outras semelhantes, próprias de tempos e situações que já vão longe, descompassadas, portanto, com a dinâmica de nossos dias. Por outro lado, estamos solicitando algo a que temos direito, amparados e protegidos pela lei, e não pleiteando favores cuja concessão dependa da disposição de espírito da autoridade requerida. A cortesia da linguagem deve emergir de todo o documento, não resumir-se a uma expressão estereotipada que maquinalmente se lança no papel. Concisão e cortesia casam-se perfeitamente, enquanto a verbosidade compromete a segunda e destrói a primeira.

d) *Fecho* – parte que encerra o documento. São usuais as seguintes fórmulas, notando-se já uma tendência de eliminá-las do requerimento:

Nestes termos,
pede deferimento.

Abreviado: N. T.
P. D.

Termos em que pede deferimento.

Abreviado: T. E. Q. P. D. (Trata-se de abreviação pouco empregada.)

Espera deferimento.

Abreviado: E. D.

Aguarda deferimento.

Abreviado: A. D.

Pede deferimento:

Abreviado: P. D.

Notas

1ª – Note-se que, nas fórmulas por extenso, só a primeira palavra tem inicial maiúscula.

2ª – A fórmula "Pede e aguarda deferimento" deve ser evitada, pois, se alguém pediu, é evidente que só lhe resta aguardar ...

e) Local e data:

Porto Alegre, 3 de dezembro de 2015.

f) Assinatura.

25.5 – Residência e domicílio

Tecnicamente, não se trata de vocábulos sinônimos.

Residência é, segundo Orlando Gomes (*Introdução ao direito civil*) "o lugar onde (a pessoa) mora habitualmente, com a intenção de permanecer,

ainda quando se afaste temporariamente". É, portanto, uma relação de fato.

Domicílio, segundo Washington de Barros Monteiro (*Curso de direito civil*, vol. I), é a "sede jurídica, (a) sede legal da pessoa, onde ela se presume presente para efeitos de direito". Trata-se, pois, de uma relação jurídica.

25.6 – Esquema

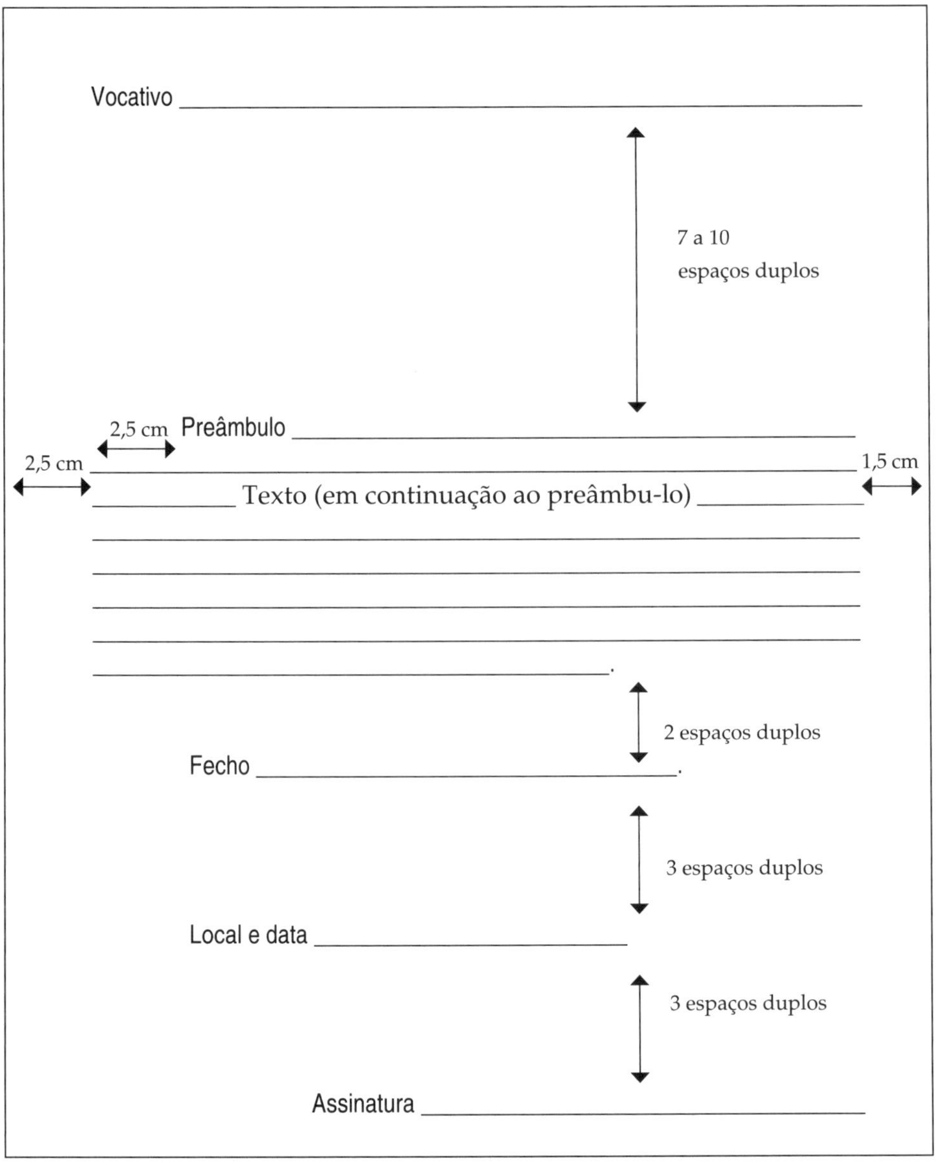

25.7 – Modelos

Senhor Diretor do Colégio Estadual Machado de Assis:

FULANO DE TAL, aluno deste Colégio, cursando a primeira série do segundo grau, turma D, turno da manhã, requer a Vossa Senhoria o cancelamento de sua matrícula, visto que fará um estágio profissional de três meses no Estado de São Paulo, a partir do dia 22 do corrente.

Termos em que pede deferimento.

Porto Alegre, 6 de dezembro de 2015.

Fulano de Tal

Senhor Diretor de Pessoal
da Superintendência dos Transportes do Estado do RS:

FULANO DE TAL, funcionário público estadual, ocupante do cargo de Auxiliar de Administração, lotado e em exercício no Gabinete de Orçamento e Finanças, da Secretaria da Fazenda, matrícula n. 110.287 no Tesouro do Estado, requer a Vossa Senhoria seja expedida certidão de seu tempo de serviço nessa Superintendência, a fim de anexá-la ao seu processo de licença-prêmio, já em andamento na Secretaria da Administração.

Espera deferimento.

Porto Alegre, 14 de dezembro de 2015.

Fulano de Tal

Excelentíssimo Senhor Secretário da Administração
do Governo do Estado do Rio Grande do Sul:

FULANO DE TAL, brasileiro, solteiro, com 26 anos, filho de . . . . e de . . . . , natural de Gramado, neste Estado, residente e domiciliado nesta Capital, na Avenida João Pessoa, 582 – ap. 209, requer a Vossa Excelência inscrição no Concurso Público para o Cargo de Oficial Administrativo a ser realizado por essa Secretaria, conforme edital divulgado no Diário Oficial de 14 do corrente, para o que anexa os documentos exigidos na citada publicação.

Nestes termos,
pede deferimento.

Porto Alegre, 18 de dezembro de 2015.

Fulano de Tal

Excelentíssimo Senhor Prefeito Municipal de Novo Hamburgo:

FULANO DE TAL, residente nesta Cidade, na Rua Quintino Bocaiuva, 876, tendo sido intimado a recolher aos cofres dessa Prefeitura a importância de R$ 457,50 (quatrocentos e cinquenta e sete reais e cinquenta centavos), referente ao Imposto Predial do exercício de 2012, requer a Vossa Excelência o cancelamento da referida dívida, já inteiramente saldada, conforme atestam os anexos recibos de pagamento, fornecidos pela agência local do Banco do Estado do Rio Grande do Sul, S. A.

Pede deferimento.

Novo Hamburgo, 12 de dezembro de 2012.

Fulano de Tal

Senhor Diretor do Departamento de Pessoal
da Universidade Federal do Rio Grande do Sul:

FULANA DE TAL, funcionária desta Universidade, ocupante do cargo de . . . ., lotada na . . . ., onde exerce as funções de . . . ., matrícula no IPASE n . . . . , tendo contraído núpcias em . . . . de . . . . de . . . ., requer a Vossa Senhoria seja apostilada, em sua portaria de nomeação e demais documentos, a alteração de seu nome, que será, daqui por diante, ... , para o que anexa a competente certidão de casamento, expedida pelo Cartório . . . ., desta Capital.

Nestes termos,
pede deferimento.

Porto Alegre, 12 de junho de 1984.

Fulana de Tal

Nota – O emprego do pronome *este* no fecho do requerimento justifica-se plenamente. Ele tem o sentido de *Nos presentes termos*, isto é, toma o texto em seu todo, retoma, englobando-o, todos os termos que compõem o pedido. Traduz uma visão holística, abrangente, do documento, usual entre os escritores clássicos – Machado de Assis, por exemplo – e ainda praticada pelos escritores atuais de primeira linha. Já a forma *Nesses termos* denota uma visão fragmentada, fatiada, do texto, considerando-o dividido em início, meio e fim (introdução, desenvolvimento e conclusão; etc.), o que, em linguagem, propicia o emprego, também correto, do pronome *esse* em relação à parte anterior do texto a que se faz menção. Assim, como ambas as visões – a holística e a fragmentada – coexistem ainda hoje, é indiferente, no caso, empregar *Nestes* ou *Nesses termos*. Aos que, equivocadamente, tacham de errônea a forma *Nestes termos*, recomenda-se que (re)leiam atentamente os textos de nossos bons escritores.

26 – Resolução

26.1 – Conceitos

Resolução no Poder Executivo, "é o ato de autoridade competente de um órgão de deliberação coletiva para estabelecer normas regulamentares". (*Normas sobre correspondência, comunicação e atos oficiais*, MEC, 1971)

"*Resolução* é a fórmula de que se valem os órgãos colegiados para manifestar suas deliberações em assuntos da respectiva competência ou para dispor sobre seu próprio funcionamento". (Diogenes Gasparini – *Direito administrativo*, p. 89)

26.2 – Generalidades

Resolução é *deliberação* ou *determinação.* Indica, assim, o ato pelo qual a autoridade pública ou o Poder Público toma uma *decisão,* impõe uma *ordem* ou estabelece uma *medida.* Em regra, as resoluções dizem respeito a questões de ordem administrativa ou regulamentar. As resoluções são expedidas pelas altas autoridades do Executivo ou pelos órgãos legislativos e colegiados administrativos, para disciplinar matéria de sua competência específica.

26.3 – Partes

A estrutura da *resolução* é idêntica à da *portaria.* Assim, maiores explicações podem ser procuradas no capítulo em que se estuda, pormenorizadamente, tal documento.

26.4 – Modelos

RESOLUÇÃO N. 48, DE 18 DE DEZEMBRO DE 1973

O PRESIDENTE DO CONSELHO DELIBERATIVO DO FUNDO NACIONAL DE DESENVOLVIMENTO DA EDUCAÇÃO, no uso de suas atribuições, resolve:

Art. 1º Fica prorrogado até 30 de junho de 1974 o prazo para a formalização dos convênios mencionados no art. 3º do Decreto n. 71.264, de 20 de outubro de 1972, com a redação dada pelo art. 2º do Decreto n. 72.203, de 27 de março de 1973, a fim de regularizar despesas efetuadas com o ensino primário, de 1965 a 1972, por empresas enquadradas no art. 5º da Lei n. 4.440, de 27 de outubro de 1964.

Art. 2º Estende-se aos órgãos mencionados no inciso III do art. 4º do Decreto n. 60.466, de 14 de março de 1967, a faculdade contida no dispositivo legal referido no art. 1º deste Decreto.

Art. 3º Revogam-se as disposições em contrário.

Fulano de Tal

(DOU de 27-12-73, p. 13.381)

RESOLUÇÃO ADMINISTRATIVA N. 03-2015

Fixa o número de membros do Quando Ordinário da Ordem do Mérito Judiciário do Trabalho deste Tribunal.

A PRESIDENTE DO TRIBUNAL REGIONAL DO TRABALHO DA 2ª REGIÃO, no uso de suas atribuições legais e regimentais,

CONSIDERANDO que o Tribunal Pleno, em Sessão Administrativa Ordinária realizada em 23 de março de 2015, decidiu pelo prosseguimento do Ofício OMJT n. 01-2015 em razão do caráter de urgência e notória simplicidade da matéria, nos termos do art. 199, § 3º, do Regimento Interno deste Tribunal e aprovou, por maioria de votos, a proposta apresentada;

CONSIDERANDO os termos do art. 4º do Regulamento da Ordem do Mérito Judiciário do Trabalho da 2ª Região, que dispõe sobre o efetivo máximo fixado para o Quadro Ordinário da Ordem do Mérito deste Tribunal,

RESOLVE:

Art. 1º O Quadro Ordinário da Ordem do Mérito do Trabalho da 2ª Região será composto por, no máximo, 500 (quinhentos) membros, nos termos dos arts. 3º e 4º do seu Regulamento, publicado pela Resolução Administrativa n. 03-2008.

Art. 2º Esta Resolução entra em vigor na data de sua publicação.

Publique-e e cumpra-se.

São Paulo, 6 de abril de 2015.

Silvia Regina Pondé Galvão Devonald
Desembargadora do Trabalho Presidente do Tribunal

RESOLUÇÃO CFC N. 648, DE 21 DE ABRIL DE 1989

Dispõe sobre a participação do estudante de Ciências Contábeis em trabalhos de auditoria.

O CONSELHO FEDERAL DE CONTABILIDADE, no exercício de suas atribuições legais e regimentais,

considerando que já são chegados os tempos de utilizar a prática, conduzida pela experiência, na formação do profissional,

RESOLVE:

Art. 1º O aluno matriculado em curso superior de Ciências Contábeis, após haver cursado com aproveitamento o correspondente a um mínimo de trezentas horas-aulas em disciplinas específicas de Contabilidade, ou que esteja registrado no CRC como Técnico em Contabilidade, poderá participar em trabalhos de auditoria contábil, na qualidade de auxiliar, sob a supervisão, orientação e responsabilidade direta de Contador habilitado.

Parágrafo único. Constitui condição de legitimidade da participação a comunicação do Contador responsável ao CRC da jurisdição, até o último dia útil de cada semestre, mencionando os nomes das partes envolvidas, inclusive do estabelecimento de ensino.

Art. 2º A comprovação de regularidade de matrícula e frequência, feita pelo estudante junto ao contratante, será apresentada ao CRC respectivo sempre que solicitada.

Art. 3º A inobservância do disposto nesta Resolução constitui infração, inclusive ao Código de Ética Profissional do Contabilista, e será punida com a multa prevista na alínea *c* do art. 27 do Decreto-Lei n. 9.295, de 27 de maio de 1946.

Art. 4º Esta Resolução entra em vigor na data de sua publicação.

Fulano de Tal,
Presidente.

Nota – Na Resolução supratranscrita, o *título* (denominação completa da autoridade que expede o ato) é constituído pelo nome do órgão, e não pelo da autoridade que o preside. Não é a forma mais usual, embora não se possa tachá-la de errônea. Observe-se, também, que a Resolução traz *ementa,* à semelhança dos documentos normativos da Secretaria da Receita Federal.

RESOLUÇÃO n. 582, de 26 de março de 2012

Aprova o Modelo de Termo de Autorização do Serviço de Acesso Condicionado (SeAC).

O CONSELHO DIRETOR DA AGÊNCIA NACIONAL DE TELECOMUNICAÇÕES,no uso das atribuições que lhe foram conferidas pelo art. 22 da Lei n. 9.472, de 16 de julho de 1997, e pelo art. 35 do Regulamento da Agência Nacional de Telecomunicações, aprovado pelo Decreto n. 2.338, de 7 de outubro de 1997;

CONSIDERANDO o disposto no art. 42 da Lei n. 12.485, de 12 de setembro de 2011, que estabelece o prazo para que a Anatel, no âmbito de suas competências regulamente as disposições daquele diploma legal;

CONSIDERANDO que a Agência deve viabilizar, de forma transparente e democrática, assegurando a oitiva da sociedade em geral, a aprovação de um modelo de instrumento que formaliza a relação a ser firmada entre o interessado em prestar os serviços da União;

CONSIDERANDO as contribuições recebidas em decorrência da Consulta Pública n. 5, de 27 de janeiro de 2012, publicada no Diário Oficial em 30 de janeiro de 2012;

CONSIDERANDIO deliberação tomada em sua Reunião de n. 645, de 22 de março de 2012;

CONSIDERANDO o constante dos autos do processo n. 53500.021927/2011,

RESOLVE:

Art. 1º Aprovar, na forma do anexo a esta Resolução, o Modelo de Termo de Autorização do Serviço de Acesso Condicionado (SeAC).

Art. 2º Esta Resolução entra em pleno vigor na data de sua publicação.

João Batista de Rezende,

Presidente do Conselho.

(Segue o Anexo I, com 13 capítulos; fonte do acesso: Google, 20-12-2015 – LEGISLAÇÃO – Agência Nacional de Telecomunicações.)

27 – Telegrama

27.1 – Conceito

Telegrama, também chamado *despacho telegráfico,* é a comunicação transmitida pelo telégrafo.

27.2 – Generalidades

O telegrama é empregado para mensagens urgentes. Por isso mesmo, seu texto limita-se ao estritamente necessário à perfeita compreensão do assunto, omitindo-se todas as expressões, palavras e partículas desnecessárias.

No telegrama, a linguagem chega ao máximo da concisão, a qual, todavia, nunca deve prejudicar a clareza do texto.

Para tornar o telegrama o mais breve possível, usam-se, entre outros, os seguintes recursos:

a) aglutinação de expressões: VOSSIA, VOSSENHORIA (Vossa Senhoria); VINTEDOIS (vinte e dois);

b) abreviação de palavras e expressões: SDS (Saudações); ASDS (Atenciosas saudações);

c) omissão de palavras desnecessárias à compreensão do texto: MATRICULAS ENCERRAM DIA TREZE CORRENTE (As matrículas encerram no dia treze do corrente);

d) supressão do hífen nas palavras justapostas de uso corrente e nas formas verbais com pronomes oblíquos: DECRETOLEI (decreto-lei); INSCREVIME (Inscrevi-me.).

O telegrama deve ser escrito todo em caracteres maiúsculos, deixando-se dois espaços entre cada palavra. Não se dividem as palavras no fim da linha.

27.3 – Sinais de pontuação

O telégrafo registra os sinais de pontuação básicos, tais como ponto (.), vírgula (,) e ponto e vírgula (;). Assim, na redação dos telegramas, ou

se empregam esses sinais, ou se substituem por abreviações convencionais:

PT (.) VG (,) PTVG (;) BIPT (:) INT (?)

ABRASPAS (abrir aspas) FECHASPAS (fechar aspas)

Essas abreviações serão de uso forçado quando o telégrafo não registrar os sinais de pontuação correspondentes e houver necessidade destes para a exata compreensão do texto transmitido.

27.4 – Acentos gráficos

O telégrafo também não registra os acentos gráficos, os quais são omitidos ou substituídos, quando necessários, por recursos convencionais: EH (é); ESCRITURARIO (escriturário); ATEH (até); AMANHAN (amanhã).

27.5 – Grafia de números

Os números inteiros e fracionários são escritos, de preferência, em algarismos arábicos. Os valores monetários, porém, são escritos por extenso. Nunca se deve empregar, simultaneamente, a grafia por extenso e em algarismos.

27.6 – Telex, fax e correio eletrônico (*e-mail*)

O *telex* é modalidade de serviço telegráfico mediante o qual os usuários podem comunicar-se direta e temporariamente entre si, por meio de aparelhos teleimpressores. Emprega-se este serviço quando o destinatário possui máquina apropriada para receber a mensagem. A redação é a mesma dos telegramas.

Notas

1ª – *Telex* é abreviação da expressão inglesa "teleprinter exchange" (intercomunicação impressora a distância). Derivado de *telex*, já existe, em caráter oficial, o verbo *telexar* (registrado pelo *Vocabulário ortográfico da língua portuguesa*, da Academia Brasileira deLetras, 5ª edição, 2009, pelo *Dicionário Aurélio da língua portuguesa*, 5ª edição, 2010 e pelo *Dicionário houaiss da língua portuguesa*, 1ª edição, 2009. O verbo significa *transmitir por telex.* e é transitivo direto, segundo Aurélio.

2ª – Concorrendo com o telegrama e o *telex*, hoje existe o *fax*, abreviação já consagrada de *fac-símile.* Por sua velocidade e por ser, em princípio, menos oneroso que o telegrama e o telex, o *fax* tende a substituir, em muitos casos, outras formas de correspondência, à medida que as diversas repartições públicas passarem a dispor da aparelhagem necessária. O *fax* deve ser utilizado principalmente para a transmissão de mensagens urgentes e para o envio antecipado de documentos de cujo conhecimento haja urgência. O *fax*, por sua natureza,

necessita de formulário apropriado (em papel *A4* – 29,7cm x 21cm), já que a comunicação chega ao destinatário por via telefônica, ficando o original do documento com o expedidor. O *fax*, por sua vez, já tem um respeitável concorrente: o *correio eletrônico* (*e-mail*), serviço que permite a troca de mensagens e arquivos mediante redes de computadores (*Internet, Intranet,* p. ex.).

3ª – No Ato n. 11/2004-P, art. 1º, inciso VI, do Tribunal de Justiça o Estado do Rio Grande do Sul, define-se o termo *correio eletrônico* nos seguintes termos: "correio eletrônico é o serviço de comunicação de mensagens entre usuários, composto por programas de computador e equipamentos centrais de processamento, responsáveis pelo recebimento e envio de mensagens, bem como pela manutenção das caixas postais de correio eletrônico". No Ato n. 01/2008 do mesmo Tribunal, frisa-se que o correio eletrônico tem por fim específico propiciar maior dinâmica e agilidade ao serviço. Em outros documentos do citado Tribunal, disciplina-se a utilização do correio eletrônico para as tratativas no âmbito do Poder Judiciário (Ordem de Serviço n. 02/2005-P. Já o Ato n. 01/2004-P do TJRS dispõe sobre a utilização dos equipamentos de informática, dos ambientes de redes *Internet* e *Intranet* e do correio eletrônico. Ressalte-se que as mensagens do correio eletrônico possibilitam não apenas o envio de textos, como também de qualquer tipo de documento digital, tais como imagens, vídeos, áudios, etc.

O correio eletrônico "e-mail"), por seu baixo custo e celeridade, transformou-se na principal forma de comunicação para transmissão de documentos. *Manual de redação da Presidência da República*". (2ª ed. rev. atual., Brasília, 2002)

27.7 – Modelos

COMUNICO EXCELENTISSIMO SENHOR GOVERNADOR DECRETOU PONTO FACULTATIVO ESTABELECIMENTOS PUBLICOS ESTADUAIS ADMINISTRACAO DIRETA DIA TREZE CORRENTE FESTA CORPUS CHRISTI PT ASDS

SOLICITO SEU COMPARECIMENTO URGENTE ESTA SECRETARIA EXPEDIENTE TARDE TRATAR ASSUNTO SUA LICENCAPREMIO PT

ORDEM EXCELENTISSIMO SECRETARIO EDUCACAO AULAS ESTABELECIMENTO ENSINO PUBLICO ET PARTICULARES REDE ESTADUAL SUSPENSAS DIA VINTEUM CORRENTE MOTIVO REUNIAO TODOS PROFESSORES RESPECTIVOS ESTABELECIMENTOS ASSUNTO PLANO CARREIRA

ACORDO DETERMINACOES SEU TELEGRAMA ONTEM VG DIRETORGERAL ASSEMBLEIA SEGUE BRASILIA AMANHAN PT SDS

REFERENCIA PAGAMENTO MESES JANEIRO ET FEVEREIRO ET MARCO VG PROFESSOR ALCIDES COSTA SOLICITO REMESSA URGENTE ESTA DIRETORIA EFETIVIDADE REFERIDOS MESES PT SDS

EFUSIVOS CUMPRIMENTOS NOMEACAO AMIGO PRESIDENTE CAIXA ECONOMICA ESTADUAL VG VOTOS FELIZ GESTAO PT ASDS

COMUNIQUE CAMARA MUNICIPAL CANCELAMENTO MINHA PALESTRA PROXIMA QUARTAFEIRA MOTIVO CHEGADA CAPITAL SECRETARIOGERAL MINISTERIO AGRICULTURA PT SDS

28 – Termo

28.1 – Conceitos

"Na terminologia processual, *termo* é tomado no mesmo sentido de *auto*.[1] E, assim, exprime a *redução de um ato forense, ou de uma diligência* a escrito." (De Plácido e Silva – *Vocabulário jurídico*, 27ª ed., 2007)

"*Termo* é uma declaração escrita num processo ou num livro." (Benjamim Câmara da Silva e Maria Adelaide Meirelles - *Manual de redação de documentos oficiais*)

"*Termo*: Ato redigido por um magistrado, um oficial de polícia administrativa ou judiciária, um funcionário público, que avalia aquilo que fez, ouviu ou constatou no exercício de suas funções." (*Grande enciclopédia Larousse cultural*, vol. 23, 1998 p. 5649)

28.2 – Generalidades

No direito processual – e também no direito comercial e no civil – há várias espécies de *termos*. Haja vista os seguintes: termo de depósito, termo aditivo, termo de abertura, termo de audiência, termo de conciliação, termo de conclusão, termo de encerramento, termo de responsabilidade, termo de reclamação, termo de vista, termo de juntada, termo de ajustamento de conduta (na área da Procuradoria da República), etc.

Nota – Fora das acepções supramencionadas, a palavra *termo* tem vários outros significados. O substantivo termo vem do latim *terminus*, que significa limite, marco divisório; dia em que começa ou se extingue a eficácia do negócio jurídico; unidade lexical de uma terminologia; limite inicial de um prazo (*dies a quo* ou *ex die*) ou limite do vencimento de um prazo (*dies ad quem* ou *ad diem*). Dada a pluralidade semântica do vocábulo *termo*, vários juristas sugerem que a materialização de atos processuais a escrito seja substituída por *auto*, que indica verdadeiramente a documentação, a prova material, a forma do ato, o invólucro textual que o contém. Ato seria a ação, o feito, a obra, a diligência, a incumbência.

---

[1] Os autos são a materialização do processo. A palavra sempre é usada no plural, porque constitui o conjunto de atos realizados no processo. Os autos são materiais (podem ser tocados e vistos); o processo é imaterial (seus atos e fases são inapreensíveis por um de nossos sentidos).

(Apontamentos colhidos no *Vocábulário jurídico* da autoria original de De Plácido e Silva (atualizado por Nagib Slaibi Filho e Gláucia Carvalho.)

28.3 – Modelos

TERMO DE ABERTURA

Nesta data, em cumprimento ao disposto no artigo 24 do Provimento CR 01/2000, faço a abertura do 8º volume dos presentes autos a partir da folha 1056.

Em 4 de agosto de 2006.

....,
Diretora de Secretaria Substituta.

(2ª Vara do Trabalho de Blumenau – SC – Processo: 5288/98)

Nota – *Termo de abertura*: assento que é feito na primeira página de livro mercantil, antes da escrituração, com o objetivo de legalizá-lo." (Maria Helena Diniz – *Dicionário jurídico*, 4º volume, 1998)

TERMO DE ENCERRAMENTO

Nesta data, em cumprimento ao disposto no artigo 24 do Provimento CR 01/2000, faço o encerramento do 7º volume dos presentes autos, à folha 1055.

Em 4 de agosto de 2006.

....,
Diretora de Secretaria Substituta.

Nota – "*Termo de encerramento*: é o termo lavrado na última página do livro mercantil, antes de encerrá-lo." (Maria Helena Diniz – *Dicionário jurídico*, 4ª volume, 1998)

TERMO DE JURAMENTO E POSSE

Aos ... dias do mês de ...., de .... (por extenso), no Gabinete do ...., aí presente o seu titular, Senhor Fulano de Tal, ...designado pela Portaria n. ...., publicada no Diário Oficial do dia ...... da ...., declarando que aqui vinha para ser empossado na função .... citada e assumia o compromisso de bem e fielmente cumprir os

deveres e atribuições da função, sob as penas da lei, tendo cumprido o disposto no art. ...., da Lei n. ..../........, pelo que o Diretor ...., após observar que o empossado satisfazia as exigências e atendia aos requisitos da lei, para sua investidura na função referida, houve por bem lhe deferir a posse, no uso da competência que lhe confere o art. ...., inciso ......, da Lei n. ..../......., mandando que se tomassem por termo o compromisso e as declarações do empossado, em cumprimento de cuja ordem, eu, Fulano de Tal (Cargo), nível ...., lavrei o presente, o qual, lido e achado conforme, vai assinado pelo Senhor Diretor do ...., pelo empossado e por mim.

Data ....

(a) ....

(a) ....

(a) ....

(Benjamim Câmara da Silva e Maria Adelaide Meirelles – *Manual de redação de documentos oficiais*, 2ª ed., s/d.)

29 – Atos administrativos

29.1 – Conceito

"*Ato administrativo* é toda manifestação unilateral de vontade da Administração Pública que, agindo nessa qualidade, tenha por fim imediato adquirir, resguardar, transferir, modificar, extinguir e declarar direitos, ou impor obrigações aos administrados ou a si própria." (Hely Lopes Meirelles – *Direito administrativo brasileiro*, 32ª edição atualizada, 2006, p. 149)

29.2 – Generalidades

Atos administrativos são declarações jurídicas provenientes do Estado, ou de quem esteja revestido em prerrogativas estatais (concessionárias de serviço público, por exemplo) e consistem em providências jurídicas complementares da lei ou, excepcionalmente, da própria Constituição.

Há atos administrativos que são, propriamente, fórmulas ou veículos de expedição de atos específicos; e, de acordo com as qualificações desses, recebem a denominação de: decreto, portaria, alvará, instrução, aviso, edital, circular, ordem de serviço, resolução, parecer, ofício, apostila, despacho, etc.

Com o passar do tempo, o termo *ato* pássou a designar apenas um documento, com conceito, objeto e estrutura infradiscriminados, seguidos de modelos diversos.

29.3 – Partes

Embora o termo *ato* seja genérico, como declaração jurídica do Estado, ele é empregado como veículo de um ato administrativo específico, assim caracterizado:

1. *Conceito e objeto*: ato com força de decreto, mediante o qual autoridades exercem poderes em que são investidas em casos de:

a) *Provimento e vacância de cargos;*

b) *Declaração de situações*; e

c) *Concessão de direitos*.

2. *Estrutura*: variável. Geralmente consta de:

a) *Título*: ATO, seguido do número de ordem e da data de expedição;

b) *Introdução*, em que se mencionam: o cargo de quem expede o ato; e os dispositivos legais em que se baseia, seguidos do verbo *autoriza, concede, remove, nomeia, resolve* ou equivalente;

c) *Exposição do assunto*, em que constam o objeto do ato e condições impostas, se for o caso;

d) *Data de expedição* – cidade, dia, mês e ano (se ela já não constar do título);

e) *Assinatura*; e

f) *Indicação do nome de quem assina*, precedida da expressão *Publique-se*.

29.5 – Modelos

ATO N. 533, DE 5 DE MAIO DE 2006.

O PRESIDENTE DO TRIBUNAL REGIONAL DO TRABALHO DA 12ª REGIÃO, no uso de suas atribuições legais e regimentais, e tendo em vista o que consta no Processo TRT/SC/PA-MAD-00916-2005-000-12-00-7,

CONCEDE aposentadoria a .... no cargo de Analista Judiciário, Área Administrativa, classe C, padrão 5, integrante do Quadro Permanente de Pessoal da Secretaria do Tribunal Regional do Trabalho da 12ª Região,com proventos proporcionais, nos termos do artigo 186, inciso I, combinado com os artigos 188 e parágrafos, 189, 191 e 204, todos da Lei n. 8.112, de 11 de dezembro de 1990.

Publique-se.

(Nome do magistrado que assina)

ATO N. 557, DE 15 DE MAIO DE 2006.

O PRESIDENTE DO TRIBUNAL REGIONAL DO TRABALHO DA 12ª REGIÃO, no uso de suas atribuições legais e regimentais,

REMOVE, a pedido, de acordo com o § 5º, alínea *a*, do artigo 654 da Consolidação das Leis do Trabalho, o Excelentíssimo Juiz ...., Titular da Vara do Trabalho de Joaçaba, para igual cargo na 1ª Vara do Trabalho de Criciúma.

Publique-se.

(Nome do magistrado que assina)

ATO N. . . . .

O PRESIDENTE DO TRIBUNAL REGIONAL DO TRABALHO DA 12ª REGIÃO, no uso de suas atribuições legais e regimentais,

NOMEIA Fulano de Tal, Analista Judiciário, Área Judiciária, classe C, padrão 15, integrante do Quadro Permanente de Pessoal da Secretaria deste Tribunal, para exercer o cargo em comissão de Assessor de Juiz, CJ-03, no Gabinete vago de Juiz do Tribunal, anteriormente ocupado pelo Juiz ....

Publique-se.

(Nome do magistrado que assina)

ATO N. GP 623, DE 26 DE MAIO DE 2006.

O PRESIDENTE DO TRIBUNAL REGIONAL DO TRABALHO DA12ª REGIÃO, no uso de suas atribuições legais e regimentais, e tendo em vista o que consta no art. 7º, § 3º, da Lei n. 9.421-96, com a nova redação dada pela Lei n. 10.475-2002,

RESOLVE conceder progressão funcional aos servidores .... e ...., aprovados no estágio probatório, em 13-5-2006 e 14-5--2006, respectivamente, conforme descrito abaixo:

(Seguem Carreira/Cargo – Área de Atividade - Especialidade – Classe-Padrão dos servidores)

Publique-se.

(Nome do magistrado que assina)

Bibliografia

ACADEMIA das Ciências de Lisboa/Fundação Calouste Gulbenkian. *Dicionário da língua portuguesa contemporânea*. Lisboa:verbo, 2001, 2 vols.

ALBALAT, Antônio. *A arte de escrever*. Lisboa: Clássica, 1958.

ALBUQUERQUE, A. Tenório de. *Redação oficial*. 9. ed. Rio de Janeiro: Conquista, s. d.

BARROS, Gessner P. Pompêo de. *A redação na administração pública*. 3. ed. Rio de Janeiro: Aurora, 1959.

BERLO, David K. *O processo da comunicação*. 2 ed. Rio de Janeiro: Fundo de Cultura, 1962.

BRASIL, Presidência da República. *Manual de redação da Presidência da República*/Gilmar Ferreira Mendes e Nestor José Forster Júnior. – 2. ed. rev. e atual. Brasília: Presidência da República, 2002

CÂMARA JR., J. Mattoso. *Manual de expressão oral e escrita*. Rio de Janeiro: J. Ozon, 1961.

CRETELLA JÚNIOR, José. *Tratado de direto administrativo*. 1. ed. Rio de Janeiro: Forense, 1966. v. 2.

CUNHA, Celso Ferreira da. *Gramática da língua portuguesa*. Rio de Janeiro: FENAME (MEC), 1972.

——; CINTRA, Luís F. Lindley. *Nova gramática do português contemporâneo*. Rio de Janeiro: Nova Fronteira, 1985.

DI PIETRO, Maria Sylvia Zanella. *Direito administrativo*. 19. ed., São Paulo:Atlas, 2006.

FEDERAL electric Corporation. *Como preparar um relatório*. Rio de Janeiro. Forum, 1971

FERREIRA, Aurélio Buarque de Holanda. *Dicionário Aurélio da língua portuguesa*. 5.. ed., Curitiba: Positivo, 2010.

GARCIA, Othon M. *Comunicação em prosa moderna*. 27. ed., Rio de Janeiro: Editora FGV, 2010.

GASPARINI, Diogenes. *Direito administrativo*. 10. ed. rev. e atual. São Paulo: Saraiva, 2005.

KASPARY, Adalberto J. *Correspondência empresarial*. 6. ed., revista e atualizada – Porto Alegre: Porto Alegre: Livraria do Advogado, 2002.

——. *Português em exercícios – com soluções*. 6ª ed. – Porto Alegre: Livraria do Advogado, 2007

——. *O verbo na linguagem jurídica – acepções e regimes*. 8. ed. , rev., atual. ampl. e adaptada ao novo sistema ortográfico, Porto Alegre: Livraria do Advogado, 2014.

——. *Português para profissionais – atuais e futuros*. 24. ed., rev., atual. e ampl. – Porto Alegre: Livraria do Advogado, 2016.

——. *Habeas verba: português para juristas*. – 10. ed. rev., atual. ampl. e adaptada ao novo sistema ortográfico – Porto Alegre: Livraria do Advogado, 2014.

——. *Nova ortografia integrada: o que continuou + o que mudou = como ficou* – 2. ed., Porto Alegre: Edita, 2013.

LEITE, Marques; CINTRA, Ulhoa. *Novo manual de redação e estilo*. 3. ed. Rio de Janeiro: Irmãos di Giorgio, s. d.

LEYTON, A. C. *A arte de comunicar*. Porto: Civilização, 1970.

LINS, Augusto Estellita. *Linguagem internacional e diplomática*. Brasília, 1987.

LUFT, Celso Pedro. *Dicionário gramatical da língua portuguesa*. Porto Alegre: Globo, 1967.

MEIRELLES, Hely Lopes. *Direito administrativo brasileiro*. 32. ed. atualizada, São Paulo: Malheiros Editores Ltda. 2005.

MELLO, Celso Antônio Bandeira de. *Curso de Direito administrativo*. 20. ed. revista e atualizada – São Paulo: Malheiros, 2006.

MONTEIRO, Washington de Barros. *Curso de direito civil*. 4. ed. São Paulo: Saraiva, 1964.

MOREIRA NETO, Diogo de Figueiredo. *Curso de Direito administrativo*. 2. ed. rev. e atual. Rio de Janeiro: Forense, 1974.

NÁUFEL, José. *Novo dicionário jurídico brasileiro*. 9. ed. – Rio de janeiro: Forense, 2000.

NEY, João Luiz. *Prontuário de redação oficial*. 6. ed. DASP, 1971.

NOGUEIRA, Júlio. *A linguagem usual e a composição*. 12. ed. Rio de Janeiro: Freitas Bastos, 1959.

NUNES, Pedro. *Dicionário de tecnologia jurídica*. 11. ed. revista, ampliada e atualizada, Rio de Janeiro: Freitas Bastos, 1982.

OITICICA, José. *Manual de estilo*. 8. ed. , Rio de Janeiro: Francisco Alves, 1959.

OLIVEIRA, Maria José Bartholo de; SOLLBERGER, Isaltina Domingues. *Linguagem na administração pública*. Distrito Federal: Editora de Brasília, 1971.

GOMES, Orlando. *Introdução ao direito civil*. 2. ed. Rio de Janeiro: Forense, 1965

MONTEIRO, Washington de Barros. *Curso de direito civil*. 4. ed. São Paulo: Saraiva, 1964.

PENTEADO, J. R. Whitaker. *A técnica da comunicação humana*. São Paulo: Pioneira, 1964.

RAMOS, Graciliano. *Viventes das Alagoas*. 2. ed. São Paulo: Martins, s. d.

REDFIELD, Charles E. *Comunicações administrativas*. Rio de Janeiro: Fundação Getúlio Vargas, 1967.

RIBEIRO, Ernesto Carneiro. *Serões gramaticais*. 6. ed. Bahia: Progresso, 1956.

RODRIGUES, Irajá Andara. *Português para concursos*. Porto Alegre: Sulina, s. d.

SARAIVA, F. R. dos Santos. *Novíssimo dicionário latino-português*. 10. ed., Paris: Garnier, 1993.

Silva, Benjamim Câmara da, MEIRELLES, Maria Adelaide. *Manual de redação de documentos oficiais*. 2. ed. Salvador: Universidade Federal da Bahia, s. d.

Silva, De Plácido e. *Vocabulário jurídico*. 27. ed., atualizada por Nagib Slaibi Filho e Gláucia Carvalho – Rio de Janeiro: Forense, 2007

Souza, Cauby de. *Normas sobre correspondência, comunicação e atos oficiais*. Brasília: Ministério da Educação e Cultura, 1972.

Vivaldi, G. Martin. *Curso de redacción*. 7. ed. Madrid: Paraninfo, 1970.

Índice

Impressão:
Evangraf
Rua Waldomiro Schapke, 77 - POA/RS
Fone: (51) 3336.2466 - (51) 3336.0422
E-mail: evangraf.adm@terra.com.br